A MÍSTICA DO coração

Ir. Iracélis Maria Souza Dias, ASCJ

Colaboração de Ir. Vânia Cristina de Oliveira, ASCJ

A MÍSTICA DO Coração

A espiritualidade do Coração de Jesus a partir do olhar da Bem-aventurada Clélia Merloni

Dados Internacionais de Catalogação na Publicação (CIP)
(Câmara Brasileira do Livro, SP, Brasil)

Dias, Iracélis Maria Souza
 A mística do coração : a espiritualidade do Coração de Jesus a partir do olhar da Bem-aventurada Clélia Merloni / Iracélis Maria Souza Dias ; colaboração de Vânia Cristina de Oliveira. -- São Paulo : Edições Loyola, 2024. -- (Espiritualidade do Coração de Jesus)

 Bibliografia.
 ISBN 978-65-5504-403-4

 1. Devoções diárias - Cristianismo 2. Espiritualidade 3. Merloni, Clélia, 1861-1930 4. Sagrado Coração - Devoção I. Oliveira, Vânia Cristina de. II. Título. III. Série.

24-224966   CDD-242.2

Índices para catálogo sistemático:
1. Sagrado Coração de Jesus : Devoção : Cristianismo   242.2

Cibele Maria Dias - Bibliotecária - CRB-8/9427

Preparação: Mônica Glasser
Capa: Ronaldo Hideo Inoue
 Composição a partir da montagem de detalhe
 da pintura de Fratelvenzo (*Cristo in passione*, 1987)
 sobre a imagem de © LiliGraphie/Adobe Stock
 e o fundo generativo de © scaliger/Adobe Stock.
Diagramação: Telma Custódio

**Apóstolas do Sagrado
Coração de Jesus – ASCJ**
Rua Tucuna nº 835 – Perdizes
05021-010 São Paulo, SP
www.apostolas-pr.org.br

Edições Loyola Jesuítas
Rua 1822 nº 341 – Ipiranga
04216-000 São Paulo, SP
T 55 11 3385 8500/8501, 2063 4275
editorial@loyola.com.br
vendas@loyola.com.br
www.loyola.com.br

Todos os direitos reservados. Nenhuma parte desta obra pode ser reproduzida ou transmitida por qualquer forma e/ou quaisquer meios (eletrônico ou mecânico, incluindo fotocópia e gravação) ou arquivada em qualquer sistema ou banco de dados sem permissão escrita da Editora.

ISBN 978-65-5504-403-4

© EDIÇÕES LOYOLA, São Paulo, Brasil, 2024

Sumário

Siglas e abreviaturas 7
Introdução 9

Parte I
"Olharão para Aquele que transpassaram" (Jo 19,37)

1. Coração: Simbolismo bíblico 17
   O Coração de Deus 18
   O coração humano 20
   O Coração de Cristo 24
2. Deus se fez Coração 27
3. A espiritualidade do Coração 31
   Um pouco de história 34
4. O Coração de Jesus nas páginas do Evangelho 39
5. Ver com os olhos de João: o Apóstolo do Coração ... 51

Parte II
Itinerário da Espiritualidade do Coração
"Na Escola do Amor"

6. Ver com os olhos de Clélia 57
7. A oração do coração: respiro da alma 63

  A oração vocal 66
  A meditação 66
  A contemplação 71

8. O caminho para a plenitude: do "eu" ao mergulho no Ser – "Eu/Tu". Discernir é preciso! 77
  Medo do fracasso 81
  Medo dos outros, timidez ou fobia social 82
  Medo de crescer 82
  Medo de mudança 83
  A figura bíblica de Jonas (cf. Jn 1–4) 84

9. Amar com o Coração de Cristo. *Caritas Christi urget nos!* 93
  1ª Etapa: Fascinação 95
  2ª Etapa: Discipulado 100
  3ª Etapa: Consagração 105
  4ª Etapa: Configuração 110

Conclusão 115

Referências bibliográficas 119

Siglas e abreviaturas

D.   *Diário* (em dois volumes manuscritos)
EE   *Exercícios Espirituais*, Santo Inácio de Loyola
EG   Exortação Apostólica *Evangelli Gaudium*, do Papa Francisco
FT   Carta Encíclica *Fratelli Tutti*, do Papa Francisco
GE   Exortação Apostólica *Gaudete et Exsultate*, do Papa Francisco
GS   Constituição Pastoral *Gaudium et Spes*, do Papa Paulo VI
HA   Carta Encíclica *Haurietis Aquas*, do Papa Pio XII
LS   Carta Encíclica *Laudato Si'*, do Papa Francisco
M.g. Manuscrito grande
M.p. Manuscrito pequeno
MV   Bula *Misericordiae Vultus*, do Papa Francisco
TMA Carta Apostólica *Tertio Millennio Adveniente*, do Papa João Paulo II

Introdução

A devoção ao Sagrado Coração de Jesus é herdeira de uma longa e rica tradição, cujos alicerces estão contidos na revelação cristã. Etapas sucessivas traçam-lhe um caminho sofrido de crescimento e renovação, até chegar a ser compreendida, hoje, como "Espiritualidade do Coração". Foi grande o seu desenvolvimento ao longo dos séculos. Há uma vastíssima bibliografia – em vários idiomas –, desde os Santos Padres, doutores, teólogos e renomados escritores eclesiásticos, até os nossos dias, sobre a devoção ao Sagrado Coração de Jesus: sua origem, história, culto, significado e frutos eclesiais e pessoais, como também aceitação e rejeição por parte de muitos. Um rápido "olhar" para a história nos revela um caminho feito de "altos e baixos", de luzes e de sombras, porém, não de recuos.

Desde os primeiros séculos do cristianismo, aprofundada "reflexão e comentários sobre textos bíblicos levaram o povo cristão a uma acendrada devoção para com o amor do Verbo Encarnado, principalmente nas considerações sobre a Chaga do Costado de Cristo no texto de João: 'Olharão para Aquele que transpassaram' (cf. Jo 19,34-39)"[1]. O mistério do Coração de Jesus transpassado na Cruz é a revelação máxima do amor de Deus

---

1. Cf. CARDOSO, ARMANDO EUGÊNIO, *Evolução histórica da espiritualidade do Sagrado Coração nos ensinamentos da Igreja*, São Paulo, Loyola, 1989.

pela humanidade; do poder irreprimível da misericórdia do Pai; do Criador que mendiga o amor de sua criatura. Já o apóstolo Tomé reconhece Jesus como "Senhor e Deus", quando, após a ressurreição, é desafiado pelo próprio Jesus a colocar o dedo na ferida do seu Coração, deixada pelo golpe da lança do soldado (cf. Jo 20,27).

Por mais de mil anos, portanto, embora com características diferentes – porque de "ângulos de olhar" diferentes, de experiências pessoais únicas e irrepetíveis – essa devoção tem sido "uma verdadeira escola de santos e de místicos", como Santo Agostinho, Santo Ambrósio e São Crisóstomo (séc. IV-V), São Bernardo de Claraval (séc. XII), São Boaventura (séc. XIII), Santa Ângela de Foligno e Santa Catarina de Sena (séc. XIV-XV), São João Eudes (séc. XVII), São Francisco de Sales (séc. XVII), São Cláudio de la Colombière (séc. XVII), Santa Margarida Maria Alacoque (séc. XVII), Bem-aventurada Clélia Merloni (séc. XIX), Santa Faustina (séc. XX), e, em nossos dias, São João Paulo II, dentre muitos outros. É esse "jeito de olhar", de contemplar o mistério de Cristo, que determina o "jeito de ser" das muitas espiritualidades do Coração de Jesus.

Embora já exaltada e reconhecida a heroicidade de suas virtudes pela Igreja que a proclamou "Bem-aventurada", no carisma e na espiritualidade de Madre Clélia Merloni há muito ainda para ser descoberto e aprofundado no "hoje" de nossa história pessoal e eclesial. Cabe a nós descobrirmos e encarnarmos em nossas vidas "o seu jeito de ser" Apóstolos e Discípulos do Amor como os Apóstolos. Para tanto, resta-nos descobrir, sempre mais, o "ângulo de seu olhar" ao contemplar o Coração de Jesus, para vivenciarmos a sua genuína espiritualidade.

Nesse sentido, seria interessante refletir sobre o fato de Clélia, ao sair do Mosteiro da Visitação após sua cura milagrosa, levar consigo o quadro do Imaculado Coração de Maria, diante do qual se comprometeu fundar um Instituto em honra ao Sagrado Coração de Jesus[2]. O Evangelho de João coloca Maria junto à cruz de Jesus (cf. Jo 19,20). A contemplação desse mistério, certamente, marcou a vida e a experiência de Clélia, que alimentou uma especial devoção pela Virgem das Dores. Pode-se dizer que ela contempla o Coração transpassado de Jesus a partir do olhar de Sua Mãe dolorosa, de pé, junto à cruz. Identifica-se com ela, que, com olhar de mãe esmagada pelo sofrimento ao contemplar o Filho amado consumir-se de Amor, torna-se também Mãe e Corredentora da humanidade. Assume, nessa "hora" extrema, os mais profundos sentimentos do Coração do Filho: fé, confiança e abandono à vontade do Pai, mansidão, compaixão, misericórdia, perdão...

Tais sentimentos caracterizam profundamente a vida e o vasto epistolário da Bem-aventurada Clélia Merloni, que, ao apontar o Coração de Jesus como uma "escola de Amor", à qual se entra pela "chaga da dor", recomenda-nos uma particularíssima devoção a Maria Santíssima, a "primeira dentre os Mártires": "Recorre à tua querida mãe Maria – aconselha –, dize-lhe que queres amar o seu Jesus, e que o queres amar muito: que te empreste seu materno Coração, a fim de que, com ele, tu possas amá-lo sinceramente" (M.p., 61-62).

É seguindo os ensinamentos dos Padres Apostólicos e o testemunho de tantos santos e fiéis cristãos que a Igreja não cansa de afirmar: "Do lado aberto de Jesus, do seu Sagrado Coração, nascem para toda a humanidade os Sacramentos, 'frutos' do Amor de Deus Pai, evidenciados e revelados na redenção do Senhor". Na "escola" do Coração de Jesus são tantos os que, como a Bem-aventurada Clélia Merloni, descobriram e vivenciaram as maravilhas de seu amor, o "tesouro escondido" dessa fonte inesgotável de graças. Com esta e muitas outras

---

2. Cf. GORI, NICOLA, *Come un chicco di grano. Madre Clelia Merloni 1861-1930*, Roma, Èfetta Editrice, 2017, 51-52.

imagens e símbolos, buscam traduzir uma experiência em tudo inefável. Compreende-a quem, aceitando o convite de Jesus, "se deixa evangelizar pelo seu Coração aberto, pois dele emana todo o Evangelho".

Com a Encíclica *Haurietis Aquas*[3] – "Haurireis, com gáudio, águas das fontes do Salvador" (Is 12,3) e a partir dos ensinamentos pós-conciliares, a Igreja nos exorta a recorrer ao verdadeiro manancial do Coração de Jesus para alcançarmos o conhecimento verdadeiro do amor misericordioso de Deus e o experimentarmos em profundidade. Para ela, toda experiência de Deus tem Cristo como centro, e "é nas páginas do Evangelho, principalmente, que encontraremos a luz pela qual, iluminados e fortalecidos, poderemos penetrar no segredo deste divino Coração"[4]. A "devoção", fruto da ação do Espírito Santo em nós, é o *conhecimento interno* que brota da contemplação do Verbo de Deus feito Homem: Jesus, o ícone visível do amor; o Coração de Deus pulsante na humanidade.

Refletir, antes, "saborear" a gratuidade infinita do amor de Deus que por nós se fez "Coração", é algo inefável. É o que se espera com o presente opúsculo: "A Mística do Coração – a espiritualidade do Coração de Jesus a partir do olhar da Bem-aventurada Clélia Merloni". Trata-se de uma modesta reflexão e aprofundamento do quanto já se disse sobre o profundo significado dessa devoção, mas, sobretudo, a partir de sua experiência de vida e ensinamentos. O lema exigente e profundo – "Ver com os olhos de Clélia e Amar com o Coração de Cristo" –, assumido para a preparação do XVIII Capítulo Geral do Instituto das Apóstolas do Sagrado Coração de Jesus/2022[5], é, certamente, um tema e conteúdo inesgotável, e, na prática, sempre sujeito a

---

3. Pio XII, Papa, *Carta Encíclica Haurietis Aquas. Sobre o culto ao Coração de Jesus*, São Paulo, Loyola, 2006.
4. Ibid., n. 29.
5. Cf. Sobrinha, Madre Míriam Cunha, *Circular n. 4*, Roma, 16 de maio de 2021.

atualizações, porque o Espírito Santo que o inspirou e continua inspirando é sempre dinâmico.

Sem dúvida, o carisma e a espiritualidade de Madre Clélia são uma herança incontestável para a Igreja, que a reconheceu e proclamou Bem-Aventurada: *"Um luminoso testemunho* do Evangelho [...]. Uma mulher totalmente entregue à vontade de Deus, zelosa na caridade, paciente nas adversidades e heroica no perdão"[6]. Tornar conhecido e amado o Coração de Jesus como o "rosto visível da ternura e da misericórdia de Deus" é, portanto, o fundamento de sua espiritualidade e da nossa missão, hoje. Missão sublime que só pode ser gerada e alimentada, como ela o fez e viveu em toda a sua vida, por meio da experiência íntima e pessoal de Jesus nos Evangelhos, na Eucaristia, e no serviço aos irmãos.

O conhecimento interno do Verbo de Deus feito Homem, a partir da experiência do seu Coração, é fruto do Espírito Santo. Constitui um Itinerário Espiritual: crescimento progressivo para a "mística do Coração". E é o próprio Jesus quem nos aponta o seu Coração como o lugar privilegiado da experiência pessoal e do aprendizado do Amor: "Vinde a vim, todos vós que estais cansados e carregados de fardos, e eu vos darei descanso [...] e sede discípulos meus, porque sou de Coração humilde e manso...".

Trata-se de um convite ao "discipulado": fazer do seu Coração uma "escola" de amor. Convite persuasivo, insistente, que, para seus devotos chamados a reproduzir os seus gestos e levar a todos a sua ternura e misericórdia, torna-se personalizado; um itinerário de vida espiritual e apostólica. E, segundo a Bem-Aventurada Clélia, nessa escola se entra pela "chaga do

---

6. VATICAN NEWS, *Angelus* do Papa Francisco, durante beatificação de Clélia Merloni, fundadora das Apóstolas do Sagrado Coração de Jesus, Roma, 4 de novembro de 2018, disponível em: https://www.vaticannews.va/pt/papa/news/2018-11/papa-francisco-angelus-beata-clelia-merloni.html, acesso em: jan. 2022.

amor", "porta estreita", aberta pelo golpe da lança do soldado. É necessário "entrar" para "ler" o mistério do Coração transpassado, como João, o "discípulo amado". Do mesmo modo, mediante seus ensinamentos, exortações e heroico testemunho de vida e santidade, ela nos transmite a herança de uma profunda experiência alimentada na Fonte inesgotável do Coração de Jesus, para que a façamos nossa.

Todo caminho tem início, meio e fim. Há sempre uma meta, um objetivo a alcançar; exige coragem, constância, persistência. Na vida espiritual, o principal meio para o progresso na realização da vontade de Deus a nosso respeito é a oração. Um caminho onde consolações e desolações se alternam, exigindo fidelidade na caminhada, apesar das surpresas e dos desafios. E, justamente por isso, o discernimento espiritual é imprescindível. Para se chegar à "Mística do Coração", seguindo os passos da Bem-Aventurada Clélia, o caminho espiritual se processa por meio de etapas dinâmicas e progressivas: 1ª Etapa: Fascinação – Deixar-se atrair pelo Amor. 2ª Etapa: Discipulado – Entrar no Coração para aprender a amar. 3ª Etapa: Consagração – Entrar no Coração para "morar" no Amor. 4ª Etapa: Configuração – Entrar no Coração para viver o amor. Trata-se, portanto, de um "caminho espiritual", um itinerário de fé que, para quem busca "ver com os olhos da Bem-Aventurada Clélia e Amar com o Coração de Cristo", consiste em "deixar-se conduzir pelo Amor".

Inserido nessa dinâmica, no "verdadeiro espírito dos Apóstolos", o "discípulo amado" do Coração de Jesus abre-se sempre mais a uma ressonância missionária e universal. Consequentemente, sofre também "as dores do Reino": a rejeição a Deus e a tudo aquilo que lhe diz respeito. Sofre também diante dos males que atingem a humanidade, a Igreja e cada ser humano individualmente, e busca no Coração de Jesus, Reparador do Pai, a maneira típica de participar da reconstrução do seu Projeto, levando a todos "um raio da sua ternura e misericórdia".

Parte I

"Olharão para Aquele que transpassaram"

(Jo 19,37)

1
Coração: Simbolismo bíblico

Em qualquer cultura, sempre que se fala de "coração", faz-se referência ao que há de mais íntimo na pessoa humana; porém, não do mesmo modo. Cada cultura tem sua simbologia, suas interpretações, referências, histórias e mitos associados ao "coração". Na Bíblia, o coração, no seu simbolismo mais denso, quer significar o centro da pessoa humana com seus mistérios mais recônditos. Quer dizer a nobreza de sentimentos de uma pessoa e sua grandeza de atitudes, e também o contrário. Poucas vezes a palavra "coração" quer indicar o órgão físico que pulsa em nós. Nem se restringe ao "coração" como sede das afeições e das faculdades espirituais, do intelecto e das motivações e decisões humanas. Tem, quase sempre, um sentido figurado, simbólico.

Quando se entra no âmbito dos conceitos e das ideias é que, com frequência, se recorre ao uso de figuras de linguagem e de símbolos para que a mensagem seja compreensível. Embora os escritores sagrados tenham sido homens inspirados pelo Espírito Santo, esses empregaram estilo e linguagem pessoal, influenciados pela cultura de sua época. Na cultura ocidental costuma-se fazer distinção entre cabeça e coração. Comumente se diz que "pensamos com a cabeça e amamos com o coração". Para o semita, o que conta para Deus, "que examina o coração", não é a mera aparência externa, mas o que a pessoa é no íntimo (cf. 1Sm 16,6-7).

O Coração de Deus

Em aproximadamente quatrocentos textos bíblicos, tanto no Antigo como no Novo Testamento, as funções cognitivas são atribuídas ao coração, palavra com muitos significados. O coração *pensa, entende e conhece*[1]. Usada em diversas situações, a palavra "conhecer", por exemplo, significa conhecer intimamente, relacionar-se, confiar em Deus. Confiar na retidão de seus caminhos e deixar-se conduzir por eles. Outro conceito muito ligado a "conhecer" é o de "recordar", significando "fazer memória". Recordar para ser fiel à aliança feita a Javé. Não apenas "lembrar-se do passado", mas também "recordar" de maneira eficiente, atuante e criativa. O coração é o ponto de partida de toda ação humana, por isso, Deus quer gravar nele a sua lei: "Trarás *gravadas no teu coração* todas estas palavras que hoje te ordeno" (Dt 6,6). "*Lembra-te* de que foste escravo no Egito, mas o Senhor teu Deus te tirou de lá com mão forte e braço estendido. Nesse sentido, no Novo Testamento vemos Maria que, fiel à herança de seus pais e 'fazendo memória' da História, *guardava* e meditava no coração todas as coisas" (cf. Lc 2,19).

A palavra faz referência, também, ao "sentimento", tudo aquilo que a pessoa traz dentro de si, seu mundo afetivo: alegria e dor, bondade e maldade, confiança e desespero, desejo e medo e, sobretudo, amor e ódio. No Novo Testamento o coração é considerado a totalidade do "homem interior", o íntimo do pensamento, enquanto a carne (o corpo) constitui o "homem exterior", sujeito à corrupção e à morte. Assim, verificamos nas palavras de Jesus: "É de dentro do coração do homem

---

[1]. TESSAROLO, ANDREA, *Theologia Cordis. Apontamentos sobre a teologia e espiritualidade do Coração de Jesus*, Bauru, EDUSC, 2000, 1-4.

que saem as intenções malignas" (Mc 7,21). "Onde estiver o vosso tesouro, aí estará também o vosso coração" (Mt 6,21). Do mesmo modo, em São Paulo: "...ainda que o homem exterior se corrompa, o interior, contudo, se renova a cada dia" (2Cr 4,16).

Simbolicamente, a palavra "coração" é empregada mais de mil vezes no Antigo Testamento, e umas cinquenta no Novo. Dessas, apenas trinta fazem referência a Deus. Tal palavra tinha, para os hebreus, um significado bem mais profundo do que para nós, hoje. "[...] Designando o segredo da pessoa, os escritores sagrados não o utilizam a não ser com parcimônia, quando se trata de Deus, cujo mistério interior é inacessível ao ser humano."[2] "Para eles era muito delicado falar dos sentimentos íntimos de Deus, de quem tinham uma consciência tão viva de respeito. Seu Deus é o Deus Altíssimo!"[3] Na Sagrada Escritura, portanto, Deus fala por meio de homens e de modo humano. É assim que Deus entra na história e na vida humana. "Esvazia-se", "abaixa-se", gratuitamente, para dar-se a conhecer e revelar as profundezas de seu coração e de seu mistério. Deus pronuncia a sua Palavra e se faz entender e escutar pelo ser humano.

Nesse sentido, a palavra "misericórdia" aparece mais de duzentas vezes no Antigo Testamento. Muitas delas referindo-se ao amor de Deus gratuito e incondicional para com Israel. Amor de mãe que amamenta, acarinha e que é incapaz de esquecer o filho de suas entranhas: "Acaso, pode uma mãe esquecer-se do filho que ainda mama, de sorte que não se compadeça do filho do seu ventre? Mas ainda que esta viesse a se esquecer dele, eu, todavia, não me esquecerei de ti" (Is 49,15); "Assim como uma mãe consola seu filho, também eu os consolarei; em Jerusalém vocês serão consolados" (Is 66,13). Amor tão íntimo e pessoal como o amor de esposo: "Eu a atrairei, a

---
2. GLOTIM, ÉDOUARD, O Coração de Jesus. Abordagens antigas e novas, São Paulo, Loyola, 82.
3. REDE MUNDIAL DE ORAÇÃO DO PAPA, Manual do Coração de Jesus, São Paulo, Loyola, 1988, 12.

conduzirei ao deserto e lhe falarei ao coração [...]. Eu a desposarei para sempre, com benevolência e ternura. Eu a desposarei com fidelidade e conhecerás o Senhor" (cf. Os 2,14-23). Amor que perdoa, que redime, que renova e salva: "Porque és precioso a meus olhos, porque eu te aprecio e te amo, permuto reinos por ti, entrego nações em troca de ti..." "Eu sou o Senhor, teu Deus, o Santo de Israel, teu Salvador [...]. Sempre sou eu quem deve apagar tuas faltas, e não mais me lembrar de teus pecados" (cf. Is 43,4ss). Também amor de pai com entranhas maternas: "Sim, fui eu quem ensinou Efraim a andar, segurando-o pela mão. Eu os lacei com laços de amor, com laços de ternura os prendi. Fazia com eles como quem pega uma criança no colo e a traz até junto ao rosto. Para dar-lhes de comer, eu me abaixava" (Os 11,1-4).

Na poesia, no cântico e na dança, Israel narra a experiência do coração de Deus: único e incomparável, poderoso e libertador de seu povo. Um Deus sempre próximo e atuante, cheio de amor compassivo. Tanto que o israelita piedoso fica perplexo diante da grandeza do amor envolvente de Javé; amor "bondoso e compassivo, lento para a ira e cheio de clemência e de fidelidade" (Sl 86,15). Amor misericordioso que, apesar da infidelidade humana, é estável para sempre (cf. Sl 33).

O CORAÇÃO HUMANO

Contudo, das 853 vezes que a palavra "coração" aparece na Bíblia, 814 se referem ao ser humano. No Antigo Testamento, é entendida como o princípio básico da vida pessoal do ser humano. O coração é o

> lugar da coragem, da afirmação, da perspicácia e agudez de espírito; do querer e perseverar das decisões éticas e vitais, reveladoras de um coração unificado. Revela a essência e o agir da pessoa humana como personalidade espiritual. É o "lugar"

onde se concentra todo o ser [...], onde se originam as nossas decisões últimas e vivem as nossas experiências decisórias[4].

O coração é, por isso, o lugar no qual Deus se dirige para transformar o ser humano. "De todas as criaturas visíveis, só o ser humano é capaz de conhecer e amar o seu Criador [...]; é a única criatura sobre a terra que Deus quer por si mesma" (GS, n. 12.24)[5]. Abrir-se a essa iniciativa de Deus é que possibilita conhecê-lo por experiência. Quando o escritor sagrado fala do coração humano, faz referência a sua origem fundante! Sempre um mistério para ele mesmo: "Um turbilhão é o homem, seu coração é um abismo" (Sl 64,7). "Que coisa é o homem para dele te lembrares? Que é o ser humano para o visitares? No entanto o fizeste só um pouco menor que um deus, de glória e de honra o coroaste. Tu o colocaste à frente das obras de tuas mãos!" (Sl 8,2.4-7).

Criado à imagem e semelhança de Deus, o ser humano é o ponto alto da "divina liturgia da Criação" (cf. Gn 1–2). Inserido na dinâmica trinitária, é, em sua essência, vocacionado à comunhão: "Não é bom que fique só". Somente o ser humano é chamado a partilhar, pelo conhecimento e pelo amor, a vida de Deus. Desse modo, "aceitando entrar em relacionamento íntimo e pessoal com um Deus, cujo amor não se desdiz [...], o ser humano ingressa no 'ambiente divino'"[6]. Deixa de ser "eu" para ser "nós". Desde então, "o conhecimento do ser humano e seu destino está profundamente ligado ao conhecimento de Deus e de sua vontade criadora: sua identidade está 'escondida' em Deus", com Cristo[7]. Em Adão, todo ser humano se torna, por graça, ícone de Deus.

---
4. TESSAROLO, *Theologia Cordis*, 34.
5. COMPÊNDIO DO VATICANO II, *Constituições, decretos, declarações*, Petrópolis, Vozes, ²1968.
6. MENDIBOURE, BERNARD, *Ler a Bíblia com Inácio de Loyola*, São Paulo, Loyola, 2011, 32.
7. CENCINI, AMEDEO, *Amarás o Senhor teu Deus. Psicologia do Encontro com Deus*, São Paulo, Paulinas, 2004, 37.

"O coração é, portanto, o *lugar* onde se realiza o *encontro* do ser humano com Deus, o 'santuário interior' do seu doar-se por amor."[8] "Em Cristo, Deus nos escolheu antes da criação do mundo, para sermos santos e íntegros diante dele, no amor [...] e nos predestinou à adoção como filhos" (Ef 1,3-10). Gerados no amor, somos chamados, eleitos gratuitamente e predestinados a "ser" em Cristo. O coração humano torna-se o "lugar" da realização da sua vocação fundamental: ser filho, no Filho, pelo Espírito Santo. Torna-se "morada", santuário do Deus Trino; o lugar definitivo da experiência e do encontro com Deus, "que enviou ao nosso coração o Espírito de seu Filho, que clama: *Abbá*! Pai" (Gl 4,6).

Paradoxalmente, o coração humano é também o *lugar do desencontro*. "É o que há de mais enganador [...]. Quem pode entendê-lo?" (Jr 17,9). É de dentro, do interior do coração humano, que saem as más intenções, imoralidades, ambições desmedidas, perversidades, fraude, inveja, orgulho e insensatez (cf. Mc 7,21-23). A liberdade, característica essencial da dignidade humana, é também dom de Deus. Porque o faz livre, Deus torna o ser humano capaz e responsável por suas escolhas. Na alegoria de Gênesis 1 a 3, Deus lhe confia o cuidado de toda a criação e o coloca em um paraíso de delícias. Pode desfrutar de tudo, com uma restrição: não comer da "árvore do conhecimento do bem e do mal", que fica no meio do jardim. Inconformado com a necessidade de obedecer a tal restrição, nada encontra que justifique a obediência. Ao contrário, o fruto "era de agradável aspecto" e lhe traria um conhecimento maior: "Como Deus, conhecedor do bem e do mal". Repugna-lhe aceitar-se limitado e dependente de alguém que não seja ele mesmo[9]. Desobedeceu! E, atrás de si, foram-lhe fechadas, para sempre, as portas do Éden!

---

8. TESSAROLO, *Theologia Cordis*, 39.
9. Cf. VEKEMANS, ROGER; LEPELEY, JOAQUIM, *Temas candentes à luz do Coração de Cristo*, São Paulo, Loyola, 1985, 163.

Desde então, o coração humano nunca mais foi o mesmo! "Tendo conhecido a Deus, não lhe prestou a glória devida [...]. E, assim, toda a vida humana, quer singular, quer coletiva, apresenta-se como uma luta dramática entre o bem e o mal, entre a luz e as trevas" (GS, n. 13). Autossuficiente, sente-se criador da própria história. Coloca-se como absoluto e declara-se independente de Deus. Criado para a comunhão, opta por ficar só. É no íntimo do coração que acontece essa "desordem", a grande tensão entre o amor de Deus que se dá e o próprio egoísmo. Como nas origens, os impasses entre o ser humano, Deus e os demais têm raízes profundas na recusa de escutar a Palavra geradora de vida.

Deus, no entanto, faz do coração humano o lugar de sua misericórdia. Punge-o com a eterna saudade da experiência de encontro no "santuário", à "hora da brisa da tarde" (cf. Gn 3,8). Como bem expressa o salmista, ele geme, vagueia como peregrino e errante, sempre sedento e faminto, em busca do caminho de volta para casa: "Ó Deus, tu és o meu Deus, desde a aurora eu te procuro! De ti tem sede a minha alma, anela por ti a minha carne como terra deserta, seca, sem água. Assim te busco para ver a tua força e a tua glória, como te vi no santuário" (Sl 63,1-2).

Diz a Escritura que, ao ver quanto havia crescido a maldade das pessoas e como os projetos de seus corações tendiam unicamente para o mal, o Senhor sentiu seu coração tomado de intensa amargura. Arrependeu-se de ter criado o ser humano e decidiu exterminá-lo da face da terra! E, com ele, toda a criação (cf. Gn 6,5-6); porém, à incompreensível ingratidão humana, Deus responde com entranhada misericórdia: "Não será Efraim o meu filho querido? Não será ele o filhinho que tanto amo e que, quanto mais falo, mais vontade eu tenho de lembrá-lo? Por ele meu coração palpita, tenho de me compadecer dele" (Jr 31,20). "O meu coração se comove no meu peito; as entranhas se agitam dentro de mim! Não me deixarei levar pelo calor de minha ira..." (Os 11,8-9).

Não obstante a história humana seja sempre marcada pelo egoísmo e pelo pecado, Deus renova sempre sua aliança. Antes, promete uma "nova e eterna aliança": "Dias virão, quando estabelecerei uma nova Aliança com a Casa de Israel e com a Casa de Judá [...]. Todos me conhecerão, desde o menor até o maior" (Hb 8,8-13). "Eu vos darei um coração novo [...]. Porei em vós o meu Espírito e farei com que andeis em meus caminhos" (Ez 36,26-27).

O Coração de Cristo

A história da salvação está repleta das manifestações do coração terno e amoroso de Deus para com Israel. Alguns textos do Antigo Testamento, considerados messiânicos, sobretudo em Isaías 42,1-9; 49,1-13; 50,4-11; 52,13–53,12, são como que traços reveladores das disposições mais íntimas do coração do Redentor prometido, o mediador da Nova Aliança. Isaías foi o profeta que mais anunciou a vinda e os milagres que o Messias faria. Inclusive, uma de suas profecias foi lida pelo próprio Jesus na sinagoga: "O Espírito do Senhor está sobre mim, porque me ungiu para evangelizar os pobres; mandou-me anunciar aos cativos a libertação, aos cegos a recuperação da vista, pôr em liberdade os oprimidos e proclamar um ano de graça do Senhor" (Lc 4,17-21).

Ao longo de toda a história da Salvação, Israel é confrontado com os "gestos e palavras" de Deus que, progressivamente, lhe revelam o seu Coração. A revelação de Deus, a sua manifestação plena, no entanto, somente aconteceria mediante a encarnação do Filho Unigênito, quando um abismo intransponível, o impossível, tornou-se possível. A humanidade do Coração de Jesus torna-se, então, o sol que ilumina e vivifica a nova criação (cf. Ap 22,5), ressignificando a vida humana em seu mistério original. "Ele é a imagem visível do Deus invisível", a "morada de

Deus com os homens". Tudo traz as "marcas" de Cristo, o *logos* – Palavra eterna do Pai que se fez carne. Ele é o mediador protológico e escatológico de toda a criação[10]. É o Alfa e o Ômega, o Princípio e o Fim. Nele, encerra-se e cumpre-se o Plano de Deus.

De fato, "ao entrar no mundo, Cristo declara: 'não quiseste vítima nem oferenda, mas formaste-me um corpo. Eis que eu vim, ó Deus, para fazer a tua vontade como no livro está escrito a meu respeito'" (Hb 10,5-7).

---

10. Cf. MORI, GERALDO DE, *Antropologia teológica e orientação espiritual*, Belo Horizonte, FAJE – Faculdade Jesuíta de Filosofia e Teologia. 2015. Obra não publicada. Conteúdo da disciplina de mesmo nome no 3º Módulo do ECOE – Pós-graduação (*in lato sensu*) em Espiritualidade Cristã e Orientação Espiritual.

2

Deus se fez Coração

"Que bom se abrisses o céu e descesses!" (Is 63,19). O grito do profeta Isaías expressa o desejo profundo da humanidade. O desejo de ver a Deus e de conhecê-lo é, por assim dizer, o conteúdo e a substância da formação dos profetas no Antigo Testamento. É, desde sempre, a ânsia profunda de todo ser humano, acompanhada de sofrimento e dor: "Senhor, a ti elevo a minha voz: não fiques em silêncio, meu Deus, pois, se não falas, sou como quem desceu à sepultura" (Sl 28,1). "Como a corça deseja as águas correntes, assim a minha alma anseia por ti, meu Deus! Quando hei de ver a face de Deus?" (Sl 42,1-3).

É demais surpreendente que um Deus se importe com sua criatura! Que se debruce sobre o criado e "encontre suas delícias em estar com os filhos dos homens"! (cf. Pr 8,31). Muito mais surpreendente ainda que se faça semelhante, também criatura! No entanto, esse anseio tem iniciativa no Coração do próprio Deus. Não lhe bastou criar o ser humano à sua imagem e semelhança. Anseia aproximar-se, entrar em diálogo íntimo. Para alcançá-lo e, ao mesmo tempo, para se deixar alcançar pelo ser humano e deixar-se conhecer, Deus esvaziou-se de si mesmo. Mistério estupendo, cujo amor o levou a fazer-se Homem, viver e partilhar as vicissitudes humanas até à morte.

"Toda a Revelação é um canto às aproximações de Deus ao homem, até à irrupção total da divindade em nossa história com a encarnação do Verbo de Deus."[1] "Eis que o 'tempo' se cumpre! Na verdade, o tempo cumpriu-se pelo próprio fato de Deus se ter entranhado na história da humanidade, com a Encarnação" (TMA, n. 9). Deus se fez carne! O Verbo, a Segunda Pessoa da Santíssima Trindade, assumiu o corpo e a alma do Filho da Virgem Maria, uma jovem de Nazaré. Na origem de tudo está o encontro com uma Pessoa, Jesus Cristo. "Ninguém jamais viu a Deus, diz o evangelista João. O Filho Único, que é Deus e está na intimidade do Pai, foi quem o deu a conhecer" (Jo 1,14.18). E "nós vimos a sua glória, glória que recebe do seu Pai como Filho Único, cheio de graça e de verdade".

Revestido de nossa fragilidade mortal, Deus entrou em nossa história; fez-se Homem, "em tudo igual a nós, exceto no pecado" (Hb 4,15). "Pensou com inteligência humana, agiu com vontade humana, amou com coração humano" (GS, n. 22b). Deus se fez "Coração"! Jesus é o "Coração de Deus" entregue para a humanidade. Com esta palavra, compreendemos Jesus em suas atitudes mais profundas. Ele é Fonte de Vida para nós, uma realidade escondida que deve ser descoberta, não por dedução metafísica, mas por experiência pessoal. Como afirmava o teólogo jesuíta Karl Rahner (1904-1984), que aprofundou nas Escrituras o sentido da palavra "coração", referindo-se ao Coração de Jesus, tudo gira em torno da Pessoa de Jesus, o Verbo de Deus Encarnado[2].

A humanidade do Coração de Jesus sempre existiu no Verbo, unida e possuída pelo Verbo, fazendo uma só pessoa com o Verbo. Por meio da encarnação de seu Filho, Deus manifestou-se ao mundo da maneira mais profunda possível para salvá-lo! Somente então o ser humano pôde alcançar o Coração de Deus.

---
1. VEKEMANS; LEPELEY, *Temas candentes*, 76.
2. Cf. BOVENMARS, JOHN, *A Biblical Spirituality of the Heart*, New York, Alba Heart, 1991, 61-62.

O templo, instituição sagrada para todo israelita como "casa de Deus", não é mais o "lugar" do encontro com Deus. O verdadeiro Templo é, agora, uma Pessoa, o Filho de Deus feito Homem. Seu Coração tornou-se o "santuário", o "lugar privilegiado" do encontro com Deus, onde todos "adorarão o Pai em espírito e em verdade" (Jo 6,23).

O mistério do Coração de Jesus resume todos os mistérios do Filho de Deus em sua vida terrena: encarnação, paixão, morte e ressurreição. No seu Coração de Filho confiante e obediente, sintetiza-se toda a nossa fé cristã. Do Coração de Jesus transpassado na cruz, o Espírito nos é dado para que gozemos da alegria de ser povo de Deus. Todos os fatos de sua vida, seus gestos, palavras e sinais, "significavam que Deus se havia comunicado aos homens com a máxima proximidade concebível, [...] que nos havia entregue, como a um de nós, seu próprio Filho"[3]. Em seu mistério, "foi plenamente revelado o mistério do homem e, por ele, Deus concretiza uma troca maravilhosa com a humanidade"[4]. Em Cristo, Deus disse a Palavra definitiva sobre o mundo e sobre o ser humano, que só alcança sua plena realização sendo humano como Jesus, pela graça do Espírito Santo.

Daí que "o mistério do homem só se torna claro verdadeiramente no mistério do Verbo encarnado [...]. Novo Adão, na mesma revelação do Pai e do seu amor, Cristo manifesta plenamente o homem ao próprio homem e lhe descobre a sua altíssima vocação" (GS, n. 22a). O Coração de Jesus nos torna sensíveis à presença palpitante de Deus no mundo, o lugar fundamental para se pensar o ser humano. Ele é o Homem por excelência, "a imagem do Deus invisível, o primogênito de toda a Criação [...]. Todas as coisas foram criadas por ele e para ele. Ele é, antes de todas as coisas, e tudo nele subsiste" (Cl 1,15-20).

---

3. FAUS, JOSÉ IGNACIO GONZÁLEZ, *O acesso a Jesus. Ensaio de teologia narrativa*, São Paulo, Loyola, 1981, 26.
4. DUPUIS, JACQUES, *Introdução à cristologia*, São Paulo, Loyola, ³1999, 37.

Jesus realizou plenamente sua humanidade e só se compreende como Filho. É Filho em relação ao Pai e Irmão em relação a nós. Totalmente consagrado ao Pai e ao seu Reino. Uma revelação consoladora nos faz São Paulo, quando diz: "O amor de Deus foi derramado em nossos corações, por meio do Espírito Santo que nos foi dado" (Rm 5,1-5). Ele não se refere à história passada, ao antigo Israel, mas fala de uma realidade nova e atuante, em cuja origem está Jesus Cristo. Trata-se de uma nova e perturbadora revelação: o amor de Deus chegou e fez morada estável em nosso meio. Ele, agora, está dentro de nosso coração. Jesus fez de nós "templos" de Deus, "inabitação" da Trindade (cf. Jo 14,23).

3
A espiritualidade do Coração

O Espírito Santo que conduz a Igreja é dinamismo, é vida e "renova todas as coisas". Por isso a Igreja se renova sempre, caminha no tempo e atualiza-se, impulsionada por esse "sopro" divino. Desse modo, também a "devoção" ao Sagrado Coração de Jesus buscou e continua buscando uma aproximação sempre mais profunda de seus alicerces bíblicos. Um rápido "olhar" para a história nos revela um caminho feito de "altos e baixos", de luzes e de sombras, porém, não de recuos. No final do primeiro milênio, com a inclusão das línguas nacionais, o povo cristão foi afastado da Bíblia e também da liturgia da Igreja, que ainda se expressavam em latim; uma língua quase não mais compreensível pela maioria. Constatamos, então, particularmente nos meios populares, o surgimento de muitas "formas de expressão" da religiosidade. Caracterizavam-se como ritos e práticas substitutivas pobres e, por vezes, desviadas para lugares, imagens, objetos etc. Em consequência, esvaziou-se a "devoção" do seu verdadeiro sentido, confundindo-a com essa "infinidade de práticas devocionais"[1].

A "devoção" ao Coração de Jesus, uma das mais populares nos últimos séculos, não ficou isenta disso. Contudo, do ponto de vista positivo, como forte "devoção popular", foi ela que

---
1. Cf. TESSAROLO, *Theologia Cordis*, 17.

ofereceu o que o povo cristão necessitava naquele momento. Com ritos e palavras mais simples e compreensíveis, difundiu na Igreja o "evangelho do coração", isto é, a mensagem do Deus Amor, em uma época em que o medo dos castigos de Deus era disseminado pelo jansenismo. "Santa Margarida e todos aqueles que abraçaram sua causa souberam encarnar e exprimir os valores essenciais dessa 'devoção', em um rico leque de práticas tão simples e intuitivas que em poucos anos foram difundidas em todos os países"[2], perdurando até os nossos dias.

Contudo, o que entendemos aqui por "devoção"? É, sem dúvida, uma palavra com muitos significados e, infelizmente, "na mentalidade moderna, está associada a ideias tais como piedade sentimental, práticas de religiosidade superficial ou afastadas dos elementos nucleares do cristianismo"[3]. Também como uma "multiplicidade de práticas piedosas e devotas". Não é o que entendemos. Muito pelo contrário, podemos defini-la como a "força motriz" da espiritualidade do Coração de Jesus. Nesse caso, o sentido é bem mais amplo e profundo. Não nos limitamos apenas a uma imagem, a um objeto ou símbolo, por mais expressivo que seja.

Devoção significa uma determinação e orientação da vontade, centrada na pessoa de Jesus: atenção, dedicação, empenho generoso, identificação... É um ardor interior sempre renovado. É "entusiasmo" – um experimentar-se habitado por Deus, cujo Espírito nos impulsiona, desinstala, sacode nossas energias e mobiliza nossas forças. Enfim, não são "coisas nem práticas", mas "Alguém" que nos "empurra" para sermos aquilo que Deus quer que sejamos. A palavra tem origem histórica e etimológica no latim: *devotio*, derivado do verbo *devovere* (*de* + *vovere* = prometer; *de* + *votium* = promessa): "prometer solenemente, dedicar através de um voto, sacrificar-se". Espiritualmente fa-

---

2. Ibid., 18.
3. Cf. VEKEMANS; LEPELEY, *Temas candentes*, 50.

lando, *devotio* significa um ato que se origina no mais íntimo da vontade, em que a pessoa faz entrega de todo o seu ser e de sua integridade a Deus: consagra-se![4] A "devoção", portanto, é que dá vida ao "culto" e gera a "espiritualidade"; não tem nada de afetado ou sentimental. Ao contrário, supõe renúncia de si mesmo, esvaziamento, entrega.

Nesse sentido, a devoção não se adapta a um espírito "morno, nem frio nem quente" (Ap 3,15), tampouco fraco e pusilânime como "caniço agitado pelo vento" (Mt 11,7). Quando rica, criativa e vivida com intensidade, a "devoção" se torna central para a vida espiritual. Também não significa o mesmo que "espiritualidade", mas constitui o seu fundamento. Conduz e contribui para o seu crescimento e desenvolvimento como um conjunto de valores que inspiram, estimulam e dão sentido à vida espiritual e apostólica de uma pessoa ou grupo. "Espiritualidade do Coração" vem a ser, então, um "modo de ser", um "clima habitual" e "dinâmico", um "estilo de vida", algo que identifica, orienta e caracteriza nossas atitudes e escolhas no processo de configuração e comunhão com o Coração de Jesus.

No entanto, é impossível amar alguém sem um mínimo de conhecimento. Do mesmo modo, para que o amor cresça deve ser alimentado por uma contínua experiência de amar e deixar-se amar. Isso implica afetividade, encontro, relacionamento pessoal, experiência. Na vida espiritual essa relação, embora seja uma experiência de fé, dá-se como em todo relacionamento humano. A "devoção" aquece, aprimora, desenvolve e faz crescer o amor com gestos concretos, ditados pela ternura e pelo afeto. Sua falta o empobrece e pode levá-lo à extinção.

Do mesmo modo, a nossa "devoção" ao Coração de Jesus pode e deve ser enriquecida com demonstrações externas de amor. Estas se expressam, fundamentalmente, por meio do culto

---

4. Ibid., 50.

litúrgico – que tem como centro o Mistério Pascal; também, com a adoração Eucarística, o serviço aos irmãos, e com muitas outras "práticas" criativas, características de um coração "arraigado e fundado no amor" (cf. Ef 3,17). Vista desse modo, a devoção consiste em "reavivar sempre a chama do primeiro amor" (cf. Ap 2,4-6), em uma contínua conversão e renovação espiritual.

UM POUCO DE HISTÓRIA

A partir da Idade Média, foi grande o desenvolvimento da "espiritualidade do Coração de Jesus". Muitos santos e místicos fizeram do Coração de Jesus o centro de sua vida, descobrindo e vivenciando as maravilhas de seu amor, os "tesouros inesgotáveis" dessa fonte de graças. E, por três séculos, a Igreja relacionou a "devoção" ao Sagrado Coração de Jesus com Santa Margarida Maria, considerada a "Apóstola do Coração de Jesus".

Todavia, muito antes já se falava do "lado trespassado de Cristo", fonte e fundamento da devoção que seria desenvolvida mais tarde. Sem dúvida, são "categorias devocionais" diferentes entre si, sobretudo, do modo como a concebemos hoje. Para os Padres da Igreja mais antigos, como Orígenes (185-253), o apóstolo João "é o protótipo do homem sábio que 'bebe do Coração do Senhor as correntes de águas vivas'. Ele prefere empregar em seus textos o conceito 'coração', em vez de 'intelecto', designando o 'coração' como o 'lugar onde entramos em contato espiritual-real com o divino'"[5]. Caminhando no tempo temos, entre outros, Santo Agostinho. São célebres os textos em que fala mais explicitamente do Coração de Jesus, com uma maior aproximação da antropologia bíblica, como, por exemplo: "Vosso Coração, Jesus, foi ferido para que na ferida visível contemplássemos a ferida invisível de vosso grande amor". Tais

---
5. Cf. REDE MUNDIAL DE ORAÇÃO DO PAPA, *Manual...*, 24.

textos tiveram grande influência nos inícios da devoção, durante a Idade Média.

Nesse período foram muitos os chamados "Ilustres amigos do Sagrado Coração de Jesus" (Karl Richstaetter, SJ), como: Santo Anselmo de Cantuária (1033-1109): "A abertura do lado de Cristo nos revela a riqueza de seu amor, do amor de seu Coração para conosco". São Bernardo de Claraval (1091-1153): "[...] o segredo de seu Coração está sendo visto pelas chagas de seu corpo". São Boaventura (1221-1274): "O Coração do Senhor foi atravessado com a lança para que, pela chaga visível, reconhecêssemos o amor invisível. A ferida do Coração mostra a ferida da alma". Santo Alberto Magno, OP: "Em seu imenso amor, seu Coração estava tomado pela alegria de formar um mesmo ser conosco e encher nosso coração de gozo e alegria". E muitos outros como o Mestre Eckhart, Santa Catarina de Sena...[6].

Seguiu-se, a partir de 1400, um período de "calmaria espiritual". Diminuiu-se o fervor nas comunidades religiosas, e na Igreja iniciou-se um período de forte turbulência, uma das mais sérias crises de sua história: a Reforma. Mesmo assim, não faltaram aqueles que, como Maria, João e as outras mulheres, "permaneceram de pé junto à cruz de Jesus", atraídos pelo amor que emana de seu Coração: Tomás de Kempis, São Pedro Canísio, São João Eudes, Jacques B. Bossuet e São Francisco de Sales, que, "não apenas mantiveram o olhar fixo em seu Coração, mas conduziram muitos a essa fonte e prepararam o caminho para que, mais tarde, todo o povo descobrisse tão rico veio e uma fonte tão inesgotável de graças e amor"[7].

A partir de 1600 surge um novo tempo para a Igreja, em torno da devoção ao Sagrado Coração de Jesus, ainda que sempre com seus "altos e baixos". Tem como representantes prin-

---
6. Ibid., 28.
7. Ibid., 32.

cipais São João Eudes (1601-1680), o Beato Claudio de La Colombiére, SJ (1641-1682) e, principalmente, Santa Margarida Maria Alacoque (1647-1690). Nessa nova "escola de espiritualidade", o olhar se volta mais para "as atitudes" de Jesus. Santa Margarida Maria, com grande mérito, foi proclamada a "Apóstola do Coração de Jesus", por sua fecunda espiritualidade. Tudo gira em torno das suas "visões" e das "revelações" do Coração de Jesus. Religiosa contemplativa, "fez do Coração de Jesus a sua morada". "Para ela, essa devoção significava uma vida de união com o Coração amoroso e ferido de Jesus; significava sentir o que ele sentiu, querer o que ele quis, amar o que ele amou. Uma vida de amor, de união e de amorosa reparação."[8]

Pouco a pouco essa "devoção" foi se tornando pública e se estendendo a toda a Igreja com um culto próprio que, segundo ela, lhe fora sugerido pelo próprio Jesus em suas visões. Começa, então, um período de grande controvérsia entre os teólogos: "O que" seria exatamente "o Sagrado Coração de Jesus"; o "que" ou "quem" honramos de fato. "A primeira teologia do Sagrado Coração, embora devesse ser uma reflexão desse misticismo de amor, transforma-se em um campo de batalha."[9] Somente após a morte de Santa Margarida Maria (1690), quase cem anos depois, encontrou-se uma "teologia" mais aceitável pela Igreja. O Papa Pio IX, acolhendo os insistentes pedidos de quase todo o mundo católico, estendeu a toda a Igreja a festa do Sagrado Coração de Jesus, fixando-a para a sexta-feira que segue imediatamente à festa de *Corpus Christi*. Publica vários documentos relativos a essa devoção, nos quais o "coração humano" de Jesus é visto como o "símbolo" do seu amor pela humanidade.

No I Centenário da instituição da Festa do Sagrado Coração, celebrada com toda a Igreja, o Papa Pio XII publica a Encícli-

---

8. BOVENMARS, *A Biblical...*, 44.
9. Ibid., 45.

ca *Haurietis Aquas*, com a qual busca encerrar a polêmica. Ensina que o Coração de Jesus é o símbolo do amor em sua totalidade: amor divino-humano; a Pessoa mesma de Jesus Cristo, tal como ele se mostra nos Evangelhos. Os ensinamentos da Igreja, posteriores a ela, nos exortam a recorrer ao verdadeiro manancial do Coração de Jesus e nele reconhecer, sobretudo, o Amor em que podemos "colocar todas as nossas esperanças e do qual se espera a salvação da humanidade". "Nas páginas do Evangelho é onde principalmente encontraremos a luz pela qual, iluminados e fortalecidos, poderemos penetrar no segredo deste divino Coração" (HA, n. 29). Essa é, sem dúvida, a mais bela, a mais completa e a mais profunda das Encíclicas publicadas até então, sobre a devoção ao Sagrado Coração, definindo seu fundamento histórico e teológico[10].

Com os ensinamentos pós-conciliares (Vaticano II, 1965), dá-se uma nova perspectiva a essa devoção. Grande importância para a Igreja foi a contribuição dos irmãos Hugo e Karl Rahner, que, começando por aprofundar a própria noção de "coração" em sentido bíblico, o definem como o "centro" da Pessoa de Jesus, como ocorre nas Escrituras. Com Karl Rahner passa-se, então, da devoção para a teologia, e desta, para uma "espiritualidade do Coração transpassado". Para ele, tudo gira em torno da Pessoa de Jesus: o "Coração" é o centro da devoção[11].

Após um período de quase desaparecimento, torna-se cada vez mais clara e aceitável a concepção dos teólogos contemporâneos quanto aos verdadeiros "alicerces" dessa "espiritualidade". Deve se, certamente, a Santa Margarida Maria o grande impulso dado à devoção e, devido a sua insistência, a inclusão da Festa do Sagrado Coração de Jesus no Calendário Litúrgico. Mas, para eles, tais alicerces sempre

---
10. *Il Cuore di Cristo e la pastorale oggi*, Roma, Centro Volontari della Sofferenza, 1975, 410.
11. BOVENMARS, *A Biblical...*, 60.

estiveram contidos na revelação cristã e, conforme assinala Pio XII, "precedem os escritos de Santa Margarida Maria". Na origem de tudo está o encontro com uma Pessoa, Jesus Cristo: "Nós conhecemos o Amor que Deus nos tem e cremos nele" (1Jo 4,16).

4

O Coração de Jesus nas páginas do Evangelho

Por Ir. Vânia Cristina de Oliveira, ASCJ

Todos que conhecemos o Coração de Jesus temos o compromisso de "assumir os seus sentimentos" (cf. Fl 2,5) e a sua forma de vida, deixando-nos conduzir por seu Espírito. Quem pode medir a grandeza e a profundidade do Coração de Cristo (cf. Ef 3,18)? Quem realmente toca as feridas da humanidade? Uma prece nos é comum: "Dá-nos, Senhor, um coração para amar".

"Vejam como eles se amam" (At 2,44), dizia-se das primeiras comunidades. "O Verbo se fez carne e habitou entre nós" (Jo 1,14); podemos conhecê-lo, seu nome é Jesus de Nazaré. Dele se diz ser o pobre carpinteiro, o filho de José e de Maria, o beberrão e glutão, o desafiador de paradigmas, o homem-Deus que ressignificou a lei, que sintetizou as normas e regras, o radical para alguns, o santo Filho de Deus para outros. Aquele que teve a coragem de tocar as feridas da humanidade, que se abaixou para lavar os pés dos discípulos, o que enfrentou os doutores da lei, o que conversou com as criancinhas, o que se compadeceu do órfão, da viúva e de todo sofredor, o que conviveu com pessoas que não tinham boa fama, o que soube ser irmão, o que, simplesmente, amou, amou e nada mais!

É preciso viver com o coração batendo ao ritmo do coração de Cristo, que tirava as sandálias, tocava nos doentes, acolhia os pecadores, levantava os caídos. Sim, como batizados devemos acolher e receber tudo aquilo que Deus permite no cotidiano de nossas vidas, muitas vezes rompendo os nossos "estreitos horizontes", a fim de enxergar que a fragilidade do nosso barro é renovada pelo Espírito de Deus (cf. 2Cor 4,7).

Contemplar a ação de Jesus nas páginas do Evangelho é a possibilidade singular de encontro da nossa fragilidade com a força da graça. Cada cristão, quanto mais se santifica, tanto mais fecundo se torna para o mundo, pois a regra suprema para se alcançar a santidade é o amor (GE, n. 33).

Podemos dizer que Jesus viveu o momento presente, cumulando-o de amor, realizou ações ordinárias de forma extraordinária. Nesse aspecto, observemos como Jesus convidava os seus discípulos a prestar atenção aos pequenos detalhes: o do vinho que estava acabando em uma festa; da ovelha que faltava; da viúva que ofereceu as duas moedinhas; de ter azeite de reserva para as lâmpadas; de pedir aos discípulos que vissem quantos pães tinham; de ter a fogueira acesa e um peixe na grelha enquanto esperava os discípulos ao amanhecer (GE, n. 144).

A comunidade que guarda os pequenos detalhes do amor e na qual os membros cuidam uns dos outros e formam um espaço aberto e evangelizador, é lugar da presença do Ressuscitado, que a vai santificando segundo o Projeto do Pai. É fácil rememorar as palavras de Jesus: "Eu vos dei o exemplo, para que vós também façais como eu fiz" (Jo 13,15); difícil é colocá-las em prática. A renovação da nossa espiritualidade começa a partir da centralidade da Palavra de Deus, ou seja, do Evangelho, regra suprema para todos nós. É a sua vivência que dá beleza aos nossos compromissos de batizados.

Concretamente, para enfrentarmos os desafios atuais, devemos resgatar e redescobrir que somos chamados, no mundo de hoje, a ser místicos, profetas e servos. Místicos, reconhecendo Deus como valor absoluto de nossas vidas, pois tudo passa, e só o amor de Deus permanece. Profetas, vivendo a fraternidade, pois em Cristo todos somos irmãos. Servos, dispondo-nos a cuidar dos irmãos mais necessitados, não só nas periferias geográficas, mas também existenciais, como nos recorda o Papa Francisco.

Deus se faz próximo por amor e caminha com o seu povo. Um Deus presente na Eucaristia, na sua Palavra, presente nos mais pobres e humildes. O Senhor ama-nos com ternura. Ele sabe aquela bela ciência do carinho, aquela ternura. Não nos ama com palavras. Ele aproxima-se e dá-nos amor com ternura. *Proximidade e ternura!* Estas duas maneiras do amor do Senhor que se faz próximo e dá todo o seu amor, mesmo com as coisas mais simples e pequenas. E esse é um amor forte, porque a proximidade e a ternura fazem-nos ver a fortaleza de Deus[1].

E um traço que chama particularmente a atenção é a ternura de Jesus. Muitos podem pensar a ternura como sinônimo de fraqueza, mas é uma força potente. Vejamos, no Evangelho, essa manifestação terna, especialmente quando convida os discípulos cansados a repousar a seu lado (Mc 6,31); quando pousa o olhar carinhoso sobre o jovem inquieto (Mc 10,21); quando observa e valoriza a oferta da pobre viúva (Mc 12,41-44); quando abraça e abençoa as criancinhas (Mc 10,16); quando chama a Deus de Pai e o louva (Mt 11,25); quando se apresenta como o pastor que cuida das ovelhas (Jo 10,11); quando chama seus discípulos até o fim e os chama de "filhinhos" (Jo 13,1); quando trata os discípulos como amigos (Jo 15,15) e chora pelo amigo Lázaro (Jo 11,35); quando expressa o amor providente do Pai por nós (1 ␣ 12,22-32); quando acolhe, conforta e perdoa a pecadora arrependida (Lc 6,48-50); quando encoraja amavelmente seus discípulos (Lc 12,32); quan-

---

1. Cf. FRANCISCO, PAPA, *Homilia da Solenidade do Sagrado Coração de Jesus*, na visita ao Hospital Gemelli e à Faculdade de Medicina da Universidade Católica do Sagrado Coração, em 27 de julho de 2014.

do chama de "filha" a mulher que o toca e fica curada (Lc 8,48); quando manifesta profundo afeto pelos discípulos à mesa com ele (Lc 22,14-16); quando consola as mulheres de Jerusalém (Lc 23,28); quando confia sua mãe e João ao cuidado recíproco (Jo 19,26-27); quando chama Madalena de *Mariâm*, revelando afeto e intimidade (Jo 20,16); quando serve pão e peixe aos discípulos perplexos (Jo 21,9); quando, incondicionalmente, aceita a pequenez de Pedro e o perdoa (Jo 21,15-17).

Outro aspecto que chama muito a atenção, sobre as atitudes de Jesus nos Evangelhos, são as bem-aventuranças. Jesus explicou com toda simplicidade o que é ser santo por meio das bem-aventuranças. Em uma proposta concreta, temos as bem-aventuranças como "o bilhete de identidade do cristão, pois nelas está delineado o rosto do Mestre, que somos chamados a deixar transparecer no dia a dia da nossa vida", como nos exorta o Papa Francisco na Exortação Apostólica *Gaudete et Exsultate*, a saber:

> "Felizes os pobres em espírito, porque deles é o Reino dos Céus" (Mt 5,3). Onde colocamos a segurança da nossa vida? São felizes os que têm o coração pobre, onde pode entrar o Senhor com a sua incessante novidade (67). Ser pobre de coração: isto é santidade (70).
>
> "Felizes os que choram, porque serão consolados" (Mt 5,4). O mundo não quer chorar: prefere ignorar as situações dolorosas, cobri-las, escondê-las. A vida tem sentido quando se socorre o outro na aflição. O outro é carne da sua carne (75). Saber chorar com os outros: isto é santidade (76).
>
> "Felizes os mansos, porque possuirão a terra" (Mt 5,5). A mansidão é outra expressão da pobreza interior, de quem deposita sua confiança apenas em Deus e, portanto, segue em paz. Reagir com humilde mansidão: isto é santidade (74).
>
> "Felizes os que têm fome e sede de justiça, porque serão saciados" (Mt 5,6). A justiça que Jesus propõe não é como a que o mundo procura, onde tudo é negócio. Justiça pode ser sinônimo

de fidelidade à vontade de Deus. "Procurai o que é justo..." (Is 1,17). Buscar a justiça com fome e sede: isto é santidade (78-79).

"Felizes os misericordiosos, porque alcançarão misericórdia" (Mt 5,7). A misericórdia tem dois aspectos: dar, ajudar, servir, mas também perdoar, compreender. "Não devias também ter piedade do teu companheiro como eu tive de ti?" (Mt 18,33). Todos fomos olhados com compaixão divina. Não convém esquecê-lo (80). Olhar e agir com misericórdia: isto é santidade (82).

"Felizes os puros de coração, porque verão a Deus" (Mt 5,8). O coração significa as nossas verdadeiras intenções, onde tem origem os desejos e as decisões mais profundas que nos movem (83). Manter o coração limpo de tudo o que mancha o amor: isto é santidade (86).

"Felizes os pacificadores, porque serão chamados filhos de Deus" (Mt 5,9). O mundo das murmurações, feito por pessoas que se dedicam a criticar e destruir, não constrói paz. Os pacíficos são fonte de paz (87). Semear a paz ao nosso redor: isto é santidade (89).

"Felizes os que sofrem perseguição por causa da justiça, porque deles é o Reino do Céu" (Mt 5,10). A cruz, as fadigas e os sofrimentos, que suportamos para viver o mandamento do amor e o caminho da justiça, são fonte de amadurecimento e santificação (92). Abraçar diariamente o caminho do Evangelho, mesmo que nos acarrete problemas: isto é santidade (94) (GE, n. 67-94).

O santo é capaz de viver com alegria e sentido de humor sem perder o realismo, e ilumina os outros com um espírito positivo e rico de esperança (GE, n. 126), pois, da caridade, segue-se necessariamente a alegria. Assim fazia Jesus! Observemos esta pergunta que um jovem lhe faz: "'Mestre, qual é o maior dos mandamentos?' Respondeu-lhe Jesus: 'Amarás o Senhor teu Deus de todo o coração, de toda a alma e de toda a mente. Este é o maior e o primeiro dos mandamentos. E o segundo é semelhante ao primeiro: Amarás ao teu próximo como a ti mesmo'" (Mt 22,34; Mc 12,28).

O imperativo conclusivo da passagem: "Vai e faze tu o mesmo" (Lc 10,38) exprime essa vocação: os discípulos são colocados no encalço do Mestre, empenhados em viver uma mesma atitude de ternura, não com palavras, mas nos fatos e com gestos concretos. A ternura se revela, assim, como uma atitude permanente, profunda e ativa do comportamento de Jesus e de seu modo de relacionar-se com os outros[2]. A grande regra de comportamento, de atitude, portanto, passa pelo amor concreto: "Tive fome e me destes de comer; tive sede e me destes de beber; era forasteiro e me acolhestes; estava nu e me vestistes; adoeci e me visitastes; estava na prisão e me fostes ver" (Mt 25,35-36).

Olhar no rosto das pessoas, reconhecer a sua dor, ouvir a sua voz, são gestos de Jesus que revelam a sua compaixão.

> Ele possui uma *ternura* de compaixão, de participação profunda, empática, na vivência de seus interlocutores. Não é um agir frio e indiferente. Essa ternura de compaixão é o sentimento que Jesus experimenta perante os dois cegos de Jericó: "Jesus se comoveu" (Mt 20,34); ante a súplica de um leproso: "Movido de compaixão, estendeu a mão..." (Mc 1,41); diante das lágrimas da viúva de Naim: "Vendo-a, o Senhor teve compaixão dela e lhe disse: 'Não chores!'" (Lc 7,13); na presença das multidões que o seguiam: "Vendo as multidões, sentiu compaixão delas, porque estavam cansadas e abatidas, como ovelhas sem pastor" (Mt 9,36); por ocasião da primeira e da segunda multiplicação dos pães: "Sentiu compaixão delas" (Mt 14,14); "Sinto compaixão desta multidão" (Mt 15,32), para citar apenas alguns episódios[3].

Com certeza, o segredo desse Coração passava pela união, pela intimidade com o Pai e pelo ensinamento aos seus amigos e colaboradores da obra salvífica e de construção do Reino de

---

2. ROCHETTA, CARLO, *A ternura de Jesus de Nazaré*, disponível em: https://pantokrator.org.br, acesso em: jan. 2022.
3. Ibid.

Deus. "Jesus subiu ao monte, chamou os que ele quis, e eles foram para perto dele. Então escolheu doze homens para ficarem com ele e serem enviados para anunciar o Evangelho" (Mc 3,13-19). E quais foram alguns ensinamentos vistos e testemunhados pelos discípulos? Observemos alguns contextos, a seguir.

Jesus manso e humilde, quando dorme na tempestade (Mc 4,35-41); quando pede para deixar ir a ele as criancinhas (Lc 18,15-17); quando alerta os discípulos para serem prudentes como serpentes e simples como pombas (Mt 10,16); quando se apresenta como o Bom Pastor (Jo 10,7-15); pela sua atitude de permanecer trinta anos de vida oculta em Nazaré – reconhecido como o "Servo de Javé" (Mt 12,18); quando exorta a perdoar não sete vezes, mas sempre (Mt 18,21-22); quando faz a pergunta: "Por que me bates?" (Jo 18,23) e sabe deixar que lhe prestem homenagem, mas entra em Jerusalém montado em um jumento (Mt 21,1-11).

A *paz de Jesus* pode ser percebida em alguns ensinamentos, parábolas e diálogos: "Não se perturbe o vosso coração" (Jo 14,1); "A paz esteja com vocês", e a consequente bênção (Jo 20,19); ao pedir confiança antes do milagre (Lc 7,11ss); ao acusar a falta de respeito dos fariseus (Lc 11,52); com as mulheres "marcadas" (Jo 8,3-11); ao preceder o culto e as ofertas (Mt 5,24); no relato do filho pródigo (Lc 15,11-32); ao oferecer o perdão sem medida e escutar o coração: samaritana, Zaqueu... (Mt 6,11).

Sua fome e sede de justiça podemos observar quando Zaqueu devolve o que roubou (Lc 19,1-10); ao pedir à mulher: "Vai e não peques mais" (Jo 8,1-11); ao dizer que há uma Lei maior que a dos homens (Lc 11,37-52); que é preciso "dar a César o que é de César e a Deus o que é de Deus" (Lc 20,25); quando faz o alerta de conversão, pois o Reino dos céus está próximo (Mt 4,17); ao dar instrução de que o sábado foi feito para o homem (Mc 2,27); ao ter consciência de realizar as obras do Pai (Jo 9,4); na certeza de que o Pai sempre trabalha (Jo 5,17); e quando expulsa vendedores do templo (Jo 2,13-17).

Expressou sua misericórdia para com as mulheres, crianças, publicanos, leprosos, samaritanos... (Jo 4); pelas "ovelhas sem pastor" (Mc 6,34); para com o filho da viúva de Naim (Lc 7,11); ao perdoar pecados e pecadores (Mc 2,3; Jo 8,3); ao exercer o serviço, o lava-pés (Jo 13,1-15); quando disse que somos filhos do mesmo Pai (Mt 5,45); que qualquer pessoa é meu próximo (Lc 10,30-37); no momento em que deixou que as mulheres o servissem (Mc 15,40-41); na dádiva de se fazer amigo de Marta, Maria, Lázaro, José... (Lc 10,38-39; 23,50).

Jesus também demonstra sua bondade, simplicidade e pureza: conversa com os pequeninos (Lc 10,21); participa de festas (Lc 7,34); nas Bodas de Caná (Jo 2); exorta a ter alegria até nas perseguições (Mt 5,11-12); diz que no coração é que está a limpeza ou a sujeira (Mt 23,13-32); propõe a santidade como meta da vida (Mt 5,28); escuta também que é o Filho amado do Pai (Mt 3,17); "O mais belo dos filhos dos homens" (Is 45,3); sabe tirar exemplos da natureza (parábolas); é transfigurado (Mc 9,3); ensina que o "sim" é "sim" e o "não" é "não" (Mt 5,37); pede para sermos como crianças (Lc 18); e reafirma que veio para dar testemunho da verdade (Mt 18,37).

Mas *Jesus também sofre*, ao cumprir a missão que lhe deu o Pai: dar a vida para que todos tenham vida (Jo 10,10); sofreu pelos nossos pecados (Jo 17); experimentou quarenta dias de jejum no deserto (Mt 4,1-2); teve que fazer a escolha sobre a família: minha mãe e meus irmãos... (Mt 12,50); subiu para Jerusalém (Mt 16,21-23); narrou a parábola do semeador e da semente (Mt 13); reclamou a falta de inteligência dos discípulos (Mc 10,35-40); enfrentou escribas que queriam apedrejá-lo (Jo 8,59); e o máximo de doação: a paixão e morte de cruz (Jo 19).

O Evangelho convida-nos sempre a abraçar o "risco do encontro com o rosto do outro", com a sua presença física que interpela, com o seu sofrimento e suas reivindicações, com a sua alegria contagiosa permanecendo lado a lado, pois, na sua Encarnação, o Filho de Deus convidou-nos à revolução da ternura (cf. EG, n. 8). A confiança em Jesus Cristo, encarnado, crucificado, morto e ressuscitado, possibilita um percurso formativo e performático iluminado pela fé, alimentado pela esperança e sustentado pelo amor.

Sim, "todos os nossos pedidos foram recolhidos uma vez por todas em seu grito na Cruz e ouvidos pelo Pai em sua Ressurreição, e, por isso, ele não deixa de interceder por nós junto ao Pai" (cf. Hb 5,7; 7,25; 9,24). Tal experiência deve ser um exercício cotidiano e não esporádico, a fim de que a nossa vida e a de nossos irmãos, em Jesus, possa haurir força, consolo e esperança[4].

No contexto pandêmico, por exemplo, a vivência da esperança não foi um anestésico ou fuga da realidade, mas o consolo sob a luz do Espírito Santo que nos impulsiona a prosseguir e provoca a decisão para encontrar o ritmo certo de caminharmos lado a lado como irmãos, sabendo que a natureza humana, sustentada pela graça, passa do medo à coragem, da fuga ao retorno, da tristeza à alegria, da dispersão à união. Similar experiência podemos contemplar na passagem bíblica dos discípulos de Emaús (cf. Lc 24,13-35). A Boa Notícia, recapitulada pelo próprio Jesus, fez com que o Evangelho tocasse as entranhas dos discípulos, os transformasse por dentro, e por isso foram capazes de expandir com alegria e esperança o anúncio de que Jesus está vivo, ele está no meio de nós!

Todos nós cristãos, batizados, consagrados, a quem anunciamos Jesus Cristo? Como o anunciamos? Será que a minha esperança em Deus, por Deus e com Deus chega às periferias existenciais, como nos provoca o Papa Francisco? Na encíclica

---

4. Cf. OLIVEIRA, V. C., O mistério do Coração de Cristo. Nossa esperança e consolação, in: RIBEIRO, E. (org.), *Misericórdia de coração a coração*, São Paulo, Loyola, 2016, 77-90.

Fratelli Tutti encontramos que, às vezes, para dar esperança, basta ser "uma pessoa amável, que deixa de lado as suas preocupações e urgências para prestar atenção, oferecer um sorriso, dizer uma palavra de estímulo, possibilitar um espaço de escuta no meio de tanta indiferença" (FT, n. 224). Se, de fato, vivemos segundo as inspirações do Espírito Santo, que infunde em nós a esperança que não desilude, é preciso "esperançar".

As realidades que hoje vivenciamos não são muito diferentes ou distantes do que viveram os nossos irmãos. A Constituição Pastoral *Gaudium et Spes* já afirmava: "As alegrias e as esperanças, as tristezas e as angústias dos homens de hoje, sobretudo dos pobres e de todos aqueles que sofrem, são também as alegrias e as esperanças, as tristezas e as angústias dos discípulos de Cristo, e não há realidade alguma, verdadeiramente humana, que não encontre eco em seu coração" (GS, n. 1).

Recordamos que a tradição cristã nos faz elevar o coração a Deus como um movimento íntimo, verdadeiro, silencioso, em prece, após ou ao mesmo tempo em que olhamos, tocamos ou abraçamos os nossos irmãos. Essa é uma atitude esperada dos discípulos e discípulas de Jesus Cristo, daqueles ou daquelas que se dispuseram a aprender do Coração de Jesus o jeito certo de amar os irmãos e irmãs.

Somos constantemente expostos a inúmeros desafios, questões que envolvem e questionam os valores da vida, da família, do respeito entre os povos, da acolhida das diferenças, da regeneração dos corações aflitos e atribulados, das inúmeras formas de violência, de situações, às vezes, sem esperança, dos sem-teto, e por que não também dos sem chão, sem lar... sem a dignidade de serem amados verdadeiramente como filhos e filhas de Deus, nossos irmãos?

Observemos, ao longo de um dia de trabalho ou de diferentes afazeres, quais foram os rostos que encontramos?

Sabemos quais são as suas histórias? Que marcas trazem na própria vida? Quais são os seus sonhos? O sonho tão querido por Deus, que nos foi apresentado por Jesus, é que todos tenham vida, e a tenham em abundância (cf. Jo 10,10), porque todos somos irmãos! Tudo isso me atinge ou é utopia? A espiritualidade do Coração de Jesus deve levar-nos a ver o mundo com o mesmo olhar de Jesus, olhar de amor, perdão, ternura, esperança e misericórdia!

5
Ver com os olhos de João: o Apóstolo do Coração

A experiência pessoal de João está radicada lá no início, no primeiro chamado, quando o Batista apontou o "Cordeiro de Deus". Talvez, bem antes ainda, nas muitas convivências nos tempos de menino, e, de algum modo, teria tomado conhecimento ou participado do episódio no templo, na celebração do *bar-mitzvá*[1] (Lc 2,41-51)! Conhecia-o já, "de muito longe"! Encantou-se e desejou segui-lo: "Mestre, onde moras?". "Vinde e vede." João foi, viu "e permaneceu com ele todo aquele dia" (cf. Jo 1,35-39). É o próprio discípulo quem narra essa experiência que marcou sua vida. Tanto que a hora lhe ficou gravada: "Era por volta das quatro horas da tarde"! Desde então, João é "o discípulo amado" (Jo 21,20-24) – aquele que fez, no mais profundo de seu ser, a experiência do amor de Deus em Jesus. Conheceu-o e passou a segui-lo como "o discípulo que Jesus amava". Essa experiência tornou-se o "núcleo central de sua identidade".

Na última ceia – ele mesmo diz – tinha a cabeça reclinada sobre o peito de Jesus (cf. Jo 13,23-25). É o mesmo que dizer que o *conhecia profundamente*, que estava em estreita sintonia com seu Coração naquela hora em que o seu amor foi ao extremo. João

---
1. *Bar-mitzvá* (filho da lei ou do mandamento em hebraico), disponível em: http//www.wikipedia.org, acesso em: 26 fev. 2015.

dá a entender a dimensão afetiva que o une intimamente ao seu Mestre. Com ele viveu não somente a *consagração eucarística* que Jesus faz de si mesmo ao Pai, mas também a dor de seu Coração com a traição de um dos seus (cf. Jo 17,1ss). O inclinar-se sobre o peito de Jesus tem, como tudo em João, um sentido simbólico. E, novamente, João faz referência à "hora", ao "tempo" em que tão profundo mistério se desvela ao seu olhar interior: "Era noite".

"Nesta visão simbólica, toda a realidade sensível é percebida como portadora de um mistério que a supera: um mistério, porém, que 'fundamenta e dá sentido' à existência [...]. Também o episódio de Cristo na cruz [...] é lido na fé, em perspectiva simbólica."[2] "Um soldado golpeou-lhe o lado com uma lança, e, imediatamente, saiu sangue e água. Aquele que *viu* dá testemunho, e o seu testemunho é verdadeiro; ele sabe que fala a verdade, para que vós também acrediteis" (Jo 19,33-35). Não há palavras, apenas olhares diferentes: os soldados "chegando a Jesus, viram que já estava morto". É tudo! João também *viu* e testemunha o fato, mas seu olhar vai mais além. *Viu* o Coração aberto, e dele jorrar a Vida. No sangue e água que jorram, *viu* realizar-se a salvação: a Vida vencendo o pecado e a morte. Acreditou! E dá testemunho para que também acreditemos.

É da qualidade contemplativa desse olhar que brota o testemunho. "Foi morando no Coração do Verbo, que João recebeu o querigma evangélico."[3] Enquanto contempla o sangue e a água que jorram do Coração de Jesus, João faz "memória histórica" das profecias. Este é o ponto de chegada de uma longa tradição profética, mas é também ponto de partida. Recorda, certamente, a sua própria experiência. Volta àquela hora inesquecível, às margens do Jordão, em que outro João, o Batista, de quem era discípulo, apontou profeticamente o "Cordeiro de Deus". Acreditou e pôs-se a segui-lo.

---
2. TESSAROLO, *Theologia Cordis*, 64-65.
3. GLOTIM, *O Coração de Jesus*, 102.

João revê o caminho andado e partilhado com Jesus e seus companheiros: a evolução pessoal e interior na convivência e discipulado com o Mestre, agora suspenso no madeiro... Seu olhar de fé continua a fazer "memória histórica" das profecias: "Não lhe será quebrado osso algum" (Es 12,40). Remete ao "cordeiro pascal", o cordeiro imolado por Israel como gratidão a Javé, logo após a libertação da escravidão no Egito (cf. 2Rs 23,21-23; 2Cr 35,1-27). E aquela era também a hora em que no templo se imolava o cordeiro para a Páscoa, "porque era a preparação do sábado, e esse dia era solene" (Jo 19,31). João contempla o Cordeiro imolado e recorda outra passagem da Escritura, confirmada pelo próprio Jesus: "Voltarão o olhar para aquele a quem transpassaram" (Zc 12,10ss).

Da contemplação desse acontecimento histórico e, ao mesmo tempo, tão rico na sua simbologia, é que nasceu a "Espiritualidade do Coração de Jesus". "Todos os que contemplarem assim, com fé, o Transpassado e descobrirem nessa contemplação a inesgotável riqueza de sentido escondida em seu seio (Jo 7,38) [...], não poderão desprender de seu olhar amoroso, a começar pelo próprio Discípulo Amado."[4] A contemplação do Salvador na cruz, com o peito golpeado pela lança do soldado, atraiu sempre quem soube "ir além da figura", para descobrir o "tesouro escondido" e aí fazer "morada". E João precede a todos. Dos evangelistas, ele é o único que narra esse fato e coloca nele uma importância fundamental e relevante.

João leva-nos a penetrar o mistério com os olhos da fé. Jesus é o *Cordeiro Pascal*, cujo Reino não é deste mundo. Nasceu e veio ao mundo para dar testemunho da Verdade. Escuta-o quem é da verdade (cf. Jo 18,37). Nas andanças de Nazaré a Jerusalém, João seguiu Jesus sempre. Contemplou-o transfigurado no batismo e no Tabor; "desfigurado" na Ceia de despedida e no

---
4. Ibid., 98.

Getsêmani; lívido e morto no Calvário. *Viu* o golpe misterioso da lança; *ouviu* suas últimas palavras, seu grito de agonia e o suspiro da morte; *sentiu* o silêncio esmagador do sepulcro, a sofrida saudade em prolongada "noite escura". Também aqui, "reclinado sobre o Mistério", João antecipa sua páscoa, "bebendo na Fonte da salvação" (cf. Is 12,3), e a celebra com o mais profundo júbilo, ao contemplar o sepulcro vazio: "Viu e acreditou". Torna-se herdeiro de um "tesouro secreto e escondido" (cf. Is 45,3), a começar pela Mãe, com toda a sua "memória" desde Nazaré.

João é o evangelista dos *símbolos* e dos *sinais*. É Aquele que "viu e acreditou". Porque o Amor, "a Vida Eterna que estava junto do Pai, manifestou-se"! Ele nos amou primeiro, dando-nos o seu Filho para que nele tenhamos Vida. Por isso, João sabe que diz a verdade, fala o porquê e do quê experimentou. E dá testemunho para que também acreditemos (cf. 1Jo 1,3-4; 4,10-11; Jo 19,35).

Parte II

Itinerário da Espiritualidade do Coração "Na Escola do Amor"

6

Ver com os olhos de Clélia

> "Olhar com os olhos de Clélia": olhar com profundidade as realidades e as pessoas... Somos chamadas, fortalecidas pelo nosso passado, a ler o nosso presente com os olhos de Madre Clélia e, com ela, continuar a pintar o futuro do nosso Instituto para torná-lo cada vez mais semelhante ao Projeto que Deus lhe inspirou[1].

Embora filha do seu tempo, caracterizado por inúmeras transformações sociais e cada vez mais hostil à Igreja[2], Clélia viveu a primeira parte de sua vida no Pontificado de Pio IX e Leão XIII, época áurea da devoção ao Sagrado Coração, sorvendo desde a sua juventude "uma devoção esclarecida, robusta, terna e forte", principalmente em sua passagem pela Visitação. Em sua experiência de busca de realização da vontade de Deus, sentiu também, em *Forli, Viareggio, Gênova*, em todas as suas andanças, o vivíssimo apelo do Coração de Jesus nas aparições de *Paray-le-Monial*: "Eis o Coração que tanto amou os homens e deles não recebe senão ingratidões [...]. Apelo que, pela ação do seu Espírito, acolhe de forma pessoal, íntima, veemente: 'Faze-te Apóstola do meu amor!'. Quis, desse modo, 'unir-se à multidão de almas que, acima de tudo, amariam o Coração de Jesus para reparar os pecados da humanidade e o confortar, estando ao

---

1. SOBRINHA, *Circular* n. 4, 16 de maio de 2021.
2. Cf. GORI, *Come un chicco di grano*, 39.

seu lado na imitação de suas virtudes'"[3], e encarnando na própria vida o mistério da Cruz.

Madre Clélia – como é carinhosamente chamada por quantos a amam e por ela são agraciados, também "Madi Queia" pelos mais pequeninos – compreende e assume ao pé da letra a exortação de Jesus: "Ide por todo o mundo e anunciai o Evangelho". Com palavras e obras de misericórdia espiritual e corporal, testemunha a coerência de sua mensagem e a riqueza de seus ensinamentos, por meio de uma vida heroicamente vivida na caridade e na entrega confiante e radical ao Sagrado Coração.

Centraliza aqui a sua piedade e o seu espírito, expandindo-o no Instituto que funda e no qual infunde uma fisionomia própria: Apóstolas do Sagrado Coração de Jesus. Fundamenta, portanto, o escopo de sua Família Religiosa na adorável Pessoa de Jesus Cristo, como escreve nas Regras primitivas: "As Irmãs pertencentes a esta Congregação chamar-se-ão Apóstolas do Sagrado Coração de Jesus, e são chamadas a copiar, no limite das próprias forças e em espírito de obediência aos legítimos superiores, o exemplo dos Apóstolos, espalhados pelo mundo para fazer conhecer o Divino Mestre e atrair-lhe o amor dos homens". "No Coração de Jesus descobriu as ânsias redentoras e reparadoras do Filho de Deus, fê-las suas e quis, como São Paulo, completar com imolações públicas e particulares o que falta aos sofrimentos de Cristo, em seu Corpo que é a Igreja" (Cl 1,24)[4].

Infunde-lhe, desse modo, um nome e um programa de vida e de ação apostólica: à imitação dos Apóstolos, tornar Jesus Cristo conhecido e amado, servindo-se do amor que ele manifestou à humanidade, isto é, o seu Sagrado Coração. No campo de batalha a serviço do próximo, na própria comunida-

---

3. Ibid., 4.
4. CÁSTANO, LUIZ, Introdução, in: *Palavras da Madre. Ensinamentos e exortações de Clélia Merloni, fundadora das Apóstolas do Sagrado Coração de Jesus*, São Paulo, [s.n.], 1970.

de apostólica e eclesial, manifestarão o amor a Deus tendo o Sagrado Coração como único e insubstituível mestre de amor, como fonte de espiritualidade e como razão especial da sua vida de consagração a Deus; carisma que, mais preocupada com o espírito de sua obra, defendeu com tenacidade: acima de tudo, a glória do Sagrado Coração.

É preciso compreender e aprofundar, sempre mais, como Madre Clélia entendeu e viveu a sua devoção ao Sagrado Coração, como a instilou na sua primeira comunidade e como a quis no centro do Instituto que fundou e na vida de cada Apóstola, de cada pessoa amante do Coração de Jesus, ou seja, é preciso "ver com os seus olhos". Não há dúvida de que tenha colocado como pedra angular da sua obra a devoção ao Sagrado Coração, como vem apresentada por Santa Margarida Maria Alacoque. Contudo, a partir de sua experiência pessoal, contemplativa e intensamente apostólica, Madre Clélia tinha um conceito diferente, mais amplo, mais profundo, da consagração ao amor e ao culto do Divino Coração: um carisma próprio, claro, preciso, luminosíssimo, mesmo no meio de insucessos e borrascas da sua vida. "A sua resolução levou-a a tornar-se um autêntico grão de trigo, lançado à terra do mundo para frutificar no tempo oportuno e levar a salvação aos homens."[5]

Colocando-se na Escola do Sagrado Coração, e compreendendo até o fim os ensinamentos e as exigências desse discipulado para manter-se humilde e dispor-se à ação de Deus na sua vida, Madre Clélia entende ser e formar pessoas inteiramente dedicadas ao seu serviço, "para a glória de Deus e pela salvação do mundo". Forte chamamento que impulsiona a uma generosa entrega de si e absoluta confiança no Sagrado Coração, modelo a seguir e imitar no ilimitado amor que o levou até ao sacrifício e morte na Cruz.

---

5. GORI, *Come un chicco di grano*, 14.

Para Madre Clélia – assim continuaremos a nomeá-la –, quando uma alma entra generosamente nessa Escola de amor, não rejeita mais nada do que o Senhor lhe manda e lhe faz intuir[6]. Por ele se lança, tendo como meta a ser alcançada levar a ternura de seu Coração a todos, especialmente aos mais distantes, aos aflitos, aos mais pobres e miseráveis tanto no corpo como no espírito. Meta sempre atual. "Colocar Jesus no meio de seu povo significa ter um coração contemplativo, capaz de discernir como é que Deus caminha pelas ruas de nossas cidades, das nossas terras, dos nossos bairros... Significa ocupar-se e querer ajudar a levar a cruz dos nossos irmãos. É querer tocar as chagas de Jesus nas chagas do mundo, que está ferido e anela, pede para ressuscitar."[7]

Natural de Forli, Itália, autêntica filha de sua terra, Madre Clélia tinha um caráter pronto, aceso, veemente, uma natureza de fogo! "É uma mulher forte, capaz de vibrar e deixar-se envolver plenamente pelos acontecimentos. Com a força de seu espírito e a perspicácia de sua sensibilidade, sabe arriscar o tudo de si pelo tudo de Deus."[8] Nela, encontramos a harmonia dos contrastes: fortaleza e doçura, nobre altivez e profunda humildade, sinceridade e ternura, exigente na formação de pessoas fortes e robustas na virtude, e não estátuas devotas (cf. M.g., II, 140), e, ao mesmo tempo, mãe paciente nas correções e expansões de afeto. "Uma pessoa altamente mística e, ao mesmo tempo, mulher de ação. Entre os dois extremos de doçura e força, estende-se a gama de sua personalidade."[9]

---

6. Cf. CÁSTANO, *O Espírito de Madre Clélia Merloni...*, 32.
7. Cf. FRANCISCO, PAPA, *Festa da Apresentação do Senhor no Templo, XXVIII Dia Mundial da Vida Consagrada*, Homilia, 2 de fevereiro de 2017, disponível em: https://www.vatican.va/content/francesco/pt/messages/consecrated_life/documents/20240202_omelia-vita-consacrata.html#:~:text=XXVIII%20Dia%20Mundial%20da%20Vida,de%20fevereiro%20de%202024)%20%7C%20Francisco&text=Ao%20povo%20que%20esperava%20a,da%20alian%C3%A7a%2C%20que%20v%C3%B3s%20desejais, acesso em: 02 jan. 2022.
8. TERRINONI, UBALDO, Perfil biográfico de Madre Clélia Merloni, *Cadernos de Espiritualidade das Apóstolas do Sagrado Coração de Jesus*, v. 1 (1982) 7.
9. Id., A personalidade de Madre Clélia Merloni, *Cadernos de Espiritualidade das Apóstolas do Sagrado Coração de Jesus*, São Paulo, n. 1 (1982) 15.

Em uma "escola de vida" onde Jesus compartilha lições de mansidão e de humildade, Madre Clélia aprendeu a ajoelhar-se, dobrar-se com frequência, como prova de sua atenção e esforço constante em imitar e configurar-se ao Sagrado Coração. Quando seus planos eram frustrados, e quando tudo à sua volta parecia remar contra ela, imergia-se na oração sem nunca a abandonar, confiando-se inteiramente ao Senhor, ciente de que tudo fazia parte de seus amorosos desígnios. Ofereceu-lhe não somente a vida de oração e de apostolado, não somente apregoou a reparação e a expiação, mas também, na imolação de si mesma, "aventurou-se no cultivo dos próprios sentimentos de Cristo Jesus e, por ele, aceitou a destruição de seu 'eu', de sua personalidade".

Deixando-se conduzir e abandonando-se totalmente nele, "único refúgio das almas cansadas e provadas", "única nave que nenhuma tempestade pode naufragar", "Oceano de amor", "Oceano de paz", "Místico ninho", "Abismo das divinas graças e consolações", Madre Clélia viveu até o ápice o próprio calvário como uma verdadeira e comovente história de amor, até retirar-se, entrar na sombra que a acompanhou durante toda a vida[10]. Um coração assim generoso e forte só poderia ser plasmado a partir de um olhar iluminado pela Fé e pela confiança de quem soube construir a sua casa sobre a Rocha: "Caiu a chuva, vieram as enchentes, sopraram os ventos e investiram contra aquela casa; ela, porém, não caiu, porque estava edificada na rocha" (Mt 7,25). Madre Clélia "canta, com a sua existência, um hino à vida, aquela que ninguém jamais poderá lhe tirar, aquela que se nutre da graça de Cristo e se manifesta na luz da Ressurreição"[11].

---

10. Cf. CÁSTANO, *O Espírito de Madre Clélia Merloni*, 35.
11. GORI, NICOLA, Introduzione, *Il diario di Madre Clelia Merloni. Donna del perdono*, Roma, Effatà Editrice, 2018, 21.

7
A oração do coração: respiro da alma

> Desce depressa... É preciso que eu fique hoje em tua casa...
> (Lc 19,5).

Toda espiritualidade dedica-se a cultivar aguçada sensibilidade para captar "sinais" de Deus em toda a realidade, deixando-se tocar e inspirar por eles. Em tudo há sinais de sua presença e de sua passagem. É possível conhecê-lo por meio de suas "pegadas" presentes na criação; sem dúvida, um dos elementos mais propícios para meditar acerca das verdades da Fé. Contudo, ocorre, com frequência, que a oração esbarre em dois extremos: busca de sentimentos ou fazer dela um tempo de estudo, de pura reflexão teórica. Extremos certamente presentes em toda oração, mas que devem ser dosados.

Contemplando a natureza, podemos descobrir a beleza daquele que a criou. Assim como Madre Clélia, que, ao contemplá-la, unia-se admirada ao cântico de ação de graças ao Senhor e sentia-se convidada a servi-lo[1]. Também a nossa própria história, como a sua, está repleta dessas "marcas". Receber e assimilar esse toque divino, mediante uma atitude contemplativa, é o ponto central da própria vivência cristã. Para tanto, é muito importante o silêncio,

---
1. Cf. GORI, *Il diario*, 28-29.

sobretudo o silêncio interior. Trata-se não tanto do que eu devo falar com Deus, mas do que Deus tem a me falar: escutar Deus.

Pode-se afirmar que, do ponto de vista da espiritualidade cristã, somente se chega a uma verdadeira compreensão do "fenômeno espiritual da oração" quando se aventura a fazer a experiência. Quando se descobre que, seja qual for o método, oração é, antes de tudo, um "encontro" entre pessoas: um "eu" e um "Tu". Para os autores espirituais, desde o monte Sinai e os monges do deserto, "rezar é *descer* com a mente ao coração e ali ficar face a face diante do Senhor onipotente, onividente, dentro de nós [...]. É ficar diante de Deus com a mente no coração, lá onde somos totalmente 'um'. Ali habita o Espírito de Deus e ali acontece o grande encontro"[2].

Na oração cristã, esse "Tu" é o "totalmente Outro", a Trindade: o Pai, o Filho e o Espírito Santo. Uma comunicação pela qual Deus se dá a conhecer, e, interagindo em nós, leva-nos também a um conhecimento sempre mais profundo de nós mesmos. "Quando orares – disse Jesus, *entra no teu quarto*, fecha a porta e ora ao teu Pai em segredo; e teu Pai, que vê num lugar oculto, te recompensará. Nas vossas orações, não multipliqueis as palavras, como fazem os pagãos que julgam que serão ouvidos à força de palavras" (Mt 6,6-7). "A oração do coração penetra o âmago da pessoa e não deixa nada sem tocar [...]. Transforma todo o nosso ser em Cristo, precisamente porque abre os olhos de nossa alma à verdade de nós mesmos e também à verdade de Deus. Em nosso coração passamos a nos ver como pecadores abraçados pela misericórdia de Deus."[3] Uma única frase nos lábios do coletor de impostos foi suficiente para lhe alcançar a misericórdia divina (cf. Lc 19,8); um pedido humilde feito com fé foi suficiente para salvar o bom ladrão (cf. Lc 23,42).

---

2. NOUWEN, HENRI J. M., *A oração do coração*, disponível em: http://www.ecclesia.com.br/, acesso em: 18 dez. 2021.
3. Ibid.

Os Padres Espirituais, na tradição do Deuteronômio e dos Profetas, insistem na oração como "recordação de Deus", como um despertar frequente da "memória do coração": "Lembra-te de todo o caminho por onde o Senhor te conduziu e te fez andar..." (Dt 8,2). "Lembra-te de que é o Senhor que te dá força..." (Dt 8,18). "Lembra-te de que foste escravo no Egito e que o Senhor, o teu Deus, te tirou de lá com mão poderosa e com braço forte" (Dt 15,15). "É preciso lembrar-se de Deus com mais frequência do que se respira." Para a Beata Clélia, a oração é indispensável como o pão, o ar, a própria vida (D., 86-87).

Por isso, a Tradição da Igreja nos propõe ritmos de oração destinados a nutrir a oração contínua: a oração da manhã e da tarde, antes e depois das refeições, a Liturgia das Horas, a santificação do Domingo – pela oração centrada na Eucaristia, como também o Ciclo Litúrgico e suas grandes festas. Tudo isso constitui os ritmos fundamentais de nossa vida de oração. E o Artífice dessa tradição, que a mantém viva e operante, é o Espírito Santo. É ele o Mestre interior cuja unção impregna todo o nosso ser. É nessa comunhão que a nossa oração se torna oração da Igreja.

Contudo, seja a nossa oração comunitária ou pessoal, vocal ou interior, ela só tem acesso ao Pai se a fizermos "em Nome" de Jesus. Ele é o Caminho pelo qual o Espírito Santo nos ensina a orar a Deus como convém, intercedendo por nós com gemidos inefáveis e pelo qual clamamos: *Abbá*, Pai! (cf. Rm 8,1-26). Sem dúvida, existem tantos caminhos na oração quantos são os orantes, mas é o mesmo Espírito que atua em todos e com todos. Cada pessoa responde ao Senhor segundo a determinação de seu coração e como expressa sua oração. Entretanto, a Tradição cristã conservou três expressões principais da vida de oração, cuja característica fundamental é o recolhimento do coração: a oração vocal, a meditação e a oração contemplativa.

A ORAÇÃO VOCAL

É um dado indispensável da vida cristã. Atraídos pela oração silenciosa de Jesus, os discípulos lhe pedem que os ensine a orar. E Jesus lhes ensina uma oração vocal: o Pai-Nosso (cf. Lc 11,1)! Jesus não rezou somente as orações litúrgicas da sinagoga; os Evangelhos o mostram elevando a voz para exprimir sua oração pessoal, da bênção exultante ao Pai (cf. Mt 11,25), até a angústia do Getsêmani (cf. Mt 26,39). A oração vocal é, por excelência, a oração das multidões. E o podemos fazer de muitos modos: adoração, oração de súplica, oração de intercessão, oração de ação de graças e oração de louvor. "Pode-se crescer no amor de Deus amando-o, isto é, multiplicando dia e noite as aspirações de amor para com ele. Cada ato de amor é como lenha colocada no fogo: acende, aquece, aumenta a chama do nosso amor" (M.g., I, 15).

Desse modo, a oração vocal é uma primeira forma de oração contemplativa, mas torna-se interior, sempre mais profunda, à medida que tomamos consciência daquele com quem falamos e que nos habita. "Além do templo material, no qual o Senhor quer receber a homenagem das nossas orações, Jesus tem outro templo espiritual, no qual quer ser honrado, e é o nosso coração. Ele deve ser o santuário do Senhor" (M.g., I, 90). Temos de aprender a descer ao fundo de nós mesmos, escutar nosso coração, sentir seus anseios de sentido, de paz, de felicidade, de Deus [...]. Naturalmente, é preciso ter coragem para chegar ao nosso verdadeiro eu, mas a aventura compensa[4].

A MEDITAÇÃO

É um modo de oração discursiva que utiliza a memória, a inteligência e a vontade. É, antes de tudo, uma procura: com-

---

[4]. FRANÇA, MÁRIO, O valor do silêncio, Rio de Janeiro, 2014, disponível em: https://arquidiocesebh.org.br/santuarionossasenhoradaconceicaodospobres/artigos/o-valor-do-silencio-3/, acesso em: 02 jan. 2022.

preender o porquê e o como da vida, a fim de aderir e responder ao que o Senhor nos pede, conforme seu Projeto pessoal sobre cada um de nós. Exige reflexão, atenção e disciplina, e, para tanto, são utilizados muitos meios: a Palavra de Deus nas Escrituras, especialmente nos Evangelhos, as imagens sacras, os textos litúrgicos diários ou do Tempo, os escritos dos Padres Espirituais e dos Santos, as obras de espiritualidade, o grande Livro da Criação e o da História, o "hoje" de Deus refletido na própria vida. À medida que se progride e se aprofunda, a oração vai se simplificando e se unificando, aquietando o coração em Deus.

Porque, "o que sacia e satisfaz o coração, não é o muito saber, mas o sentir e saborear internamente todas as coisas"[5]. "Na meditação – diz Madre Clélia –, não se prender aos pontos, mas, onde encontrar repouso, aí se firmar e saborear o Senhor, de qualquer modo como ele quiser comunicar-se. Porque o fim desses exercícios é saborear o Senhor; com intenção, porém, de não escolher tal gosto, como fim principal, mas para melhor afeiçoar-se às suas obras, com firme propósito de imitá-lo no que podemos" (M.p., 28-29). A humildade e a fé nos ajudam a discernir os movimentos que agitam o coração e a buscar a vontade do Senhor.

Os métodos de meditação são tão diversos quanto são os mestres espirituais, mas a oração cristã busca, de preferência, meditar "os mistérios de Cristo", como na "*lectio* divina" ou no Rosário. Embora estas sejam uma forma de reflexão orante de grande valor, a oração deve adentrar mais profundamente ao coração do mistério. Do contrário, não passa de um "rezar como papagaio", ou até mesmo de um bom exercício mental, por vezes, até bastante cansativo, onde o "Tu" não entra. É importante que, em nosso coração, haja espaço para um encontro pessoal com o Senhor. É no tu a tu, sobretudo por meio da me-

---

5. SANTO INÁCIO DE LOYOLA, *Exercícios Espirituais*, Orientação da tradução e anotações de Pe. Géza Kövecses, Porto Alegre, Ed. 3, 1966, 2, 4.

ditação das Escrituras, dos Evangelhos, que o conhecimento interior acontece de modo mais profundo, conduzindo-nos a uma crescente união com Deus, na entrega da vida como Jesus.

Sabemos por experiência que todo encontro pessoal provoca sentimentos, reações, movimentos, dos quais nem sempre nos damos conta. É próprio do ser humano tergiversar; sempre "tentado a se deixar ir à deriva do egoísmo e de um amor desordenado a si mesmo"[6]. Do ponto de vista espiritual, o mesmo acontece no relacionamento com Deus. O progresso espiritual é dinâmico; somos interpelados continuamente, "movidos" em direções opostas. É de suma importância discernir, identificar a origem desses movimentos e para que lado nos levam. Discernir para "perceber melhor o que nos move por dentro", no profundo do nosso ser. Percorrer a própria história, prestando atenção às "marcas de Deus" na vida, ajudará a "pegar o fio condutor" de uma história de amor que já vem sendo escrita, mas que nem sempre se dá conta (cf. 2Cor 3,1-3). "As 'marcas' que aí se encontram são sinais indicadores do caminho que Deus nos fez e faz andar", no seguimento de Jesus[7]. Graças a essa "leitura", torna-se possível perceber, não apenas o "como" o Espírito Santo age em nós, mas também a orientação, o "para onde" ele está nos conduzindo.

"No caminho que nos conforma ao Filho, somos convidados a tomar consciência da possível deformação da imagem originária que vive em nós e da vocação a renascer do Alto [...]. Busca cotidiana para habitar no encontro, para reconhecer os hábitos que podem falseá-lo, a preguiça que nos pode tornar surdos."[8] Para tanto, necessitamos, antes de tudo, do auxílio da

---

6. MENDIBOURE, Ler a Bíblia..., 117.
7. MORO, ULPIANO VASQUEZ, Mistagogia dos Exercícios. Pequenos avisos sobre Orientação Espiritual. Um roteiro, Itaici: Revista de Espiritualidade Inaciana, São Paulo, Loyola, n. 8 (1994) 52.
8. CONGREGAÇÃO PARA OS INSTITUTOS DE VIDA CONSAGRADA E AS SOCIEDADES DE VIDA APOSTÓLICA, Contemplai. Aos consagrados e às consagradas sobre os sinais da beleza, São Paulo, Paulinas, 2014, n. 26.

Graça. Mas vai depender, também, da atenção, escuta e docilidade ao Mestre interior. Entra em jogo a generosidade e o uso que fazemos de nossa liberdade. São muitas as advertências de Madre Clélia nesse sentido, prevenindo-nos de que o céu nem sempre estará sereno na alma. Muitas vezes nos sentiremos perturbados, não experimentando mais a suavidade da solidão e a desejada liberdade interior. O inimigo, então, nos fará sentir o peso do cansaço, nos atormentará com dúvidas, pensando que fazemos um trabalho inútil (cf. M., 32). "É necessário persuadir-nos – diz ela – de que Deus, ora nos enche de consolação, ora se esconde, para ver o que sabemos fazer sem a sua sensível assistência" (M.g., I, 113).

"A dinâmica da busca atesta que ninguém basta a si mesmo; exige encaminhar-se para um êxodo no profundo de si mesmo; comporta cansaço, pede para levantar-se e para colocar-se a caminho, requer a obscuridade da 'noite' [...] ausência, separação ou distanciamento 'daquele que o coração ama'."[9] "Somente quem supera o labor da noite com o nome do Amado nos lábios e o seu rosto impresso no coração, certo do vínculo que os une, pode saborear a refrescante alegria do encontro."[10] Graças a essa estreita comunhão com o Senhor, Madre Clélia encontrou forças para lutar contra o mal até o fim de seus dias. Quando tudo ao seu redor parecia remar contra ela, imergia-se na oração sem nunca a abandonar. Unida ao Coração de Jesus, conservou sempre a serenidade interior, a caridade e o afeto, inclusive nas adversidades, tornando-se um testemunho luminoso de fortaleza, de caridade, de abandono e de confiança ilimitada no Coração de Jesus[11].

Para Madre Clélia, "a escuta daquele que fala no silêncio, mediante o seu Espírito", é disposição fundamental para acolher

---

9. Ibid., n. 8.
10. Ibid.
11. Cf. GORI, *Come un chicco di grano*, 34.

e traduzir na vida o amor do Coração de Jesus. A ela se une a docilidade; render-se ao Amor e oferecer-se com generosidade e sem medida. Lentamente, fazendo nossos os sentimentos de Jesus, a sua maneira de ser, somos transformados pelo mistério contemplado, porque "à força de contemplar nos tornamos naquilo que contemplamos" ou, como diz ainda: "O Amor transforma o amante na pessoa amada". "Sua vida toda é um saborear Jesus no seu íntimo, de modo pleno e beatificante e, ao mesmo tempo, é um esperá-lo, momento por momento, instante por instante."[12]

Na meditação, portanto, o afeto é substancial. Quando há afeto, a entrega se torna mais espontânea e generosa, ainda que possa estar acompanhada de sacrifícios, de renúncias, de sofrimento, de cruz. O afeto é fonte de energia e de motivação para um seguimento mais efetivo de Jesus e de identificação com ele em suas opções e escolhas[13], até ao ápice de sua apaixonada entrega na Cruz. "É a dinâmica do amor; é exigente: aonde chega purifica, cultiva, fecunda; requer sempre mais espaço e disponibilidade [...]. Impulsiona ao sempre mais."[14] É esse o desejo ardente de Madre Clélia para si, e também para cada pessoa orante, exortando a não temer a Cruz; a viver no silêncio interior e na serenidade para uma escuta e docilidade pronta e generosa ao Coração de Jesus. Tanto que, "se pudesse, com o sacrifício da minha própria vida, obter-vos a graça de uma perfeita união com Deus, ele me é testemunha de que morreria alegre, mesmo neste instante" (M.g., I, 64).

Por isso, a partir da própria experiência, Madre Clélia adverte a quem deseja progredir na configuração com o Coração de Jesus por meio da oração: "Coragem! O caminho da santidade faz a natureza estremecer e gemer, mas, se o percorreres ge-

---

12. TERRINONI, UBALDO, A intimidade divina na vida de Madre Clélia Merloni. *Cadernos de Espiritualidade das Apóstolas do Sagrado Coração de Jesus*, São Paulo, n. 1 (1982) 56.
13. Cf. GRIESE, GERMAN SÁNCHEZ et al., *A oração do coração. Ao encontro do Amor*, São Paulo, Paulinas, 2011, 113.
14. Cf. TERRINONI, *A intimidade divina...*, 56.

nerosamente, experimentarás em seguida a paz celestial que o Bom Deus te fará saborear" (M.g., I, 20). "Pede a Jesus que fale sempre ao teu coração [...]. Asseguro-te que sua voz te instruirá mais em um só dia do que as escolas dos sábios em muitos anos [...]. Posso garantir-te que, se fores, aos poucos, fiel à sua voz, não te separarás mais dele, contanto que teu coração e todas as tuas faculdades mentais permaneçam unidos a ele" (M.g., I, 93). "Jesus comunicar-se-á contigo à medida que tu te comunicares com ele, na oração. Tens necessidade de muitas luzes e de força [...]. Não te contentes de recorrer a Deus somente nas horas destinadas à oração: uma união quase contínua entre ti e ele é necessária" (M.g., II, 121).

Qualquer que seja a linguagem da oração, é a pessoa toda que reza. E a totalidade humana está no "sentir", no "cair na conta", no deixar-se "afetar", como Madre Clélia se expressa com frequência em seu diário espiritual: "Senti no íntimo da minha alma..."; "Senti no meu coração..."; "Senti no meu interior...". O coração é a morada do sentimento e, segundo expressão bíblica, é a "casa onde moro", aonde eu "desço": "Vai, desce à casa do oleiro e aí te farei ouvir minha Palavra" (Jr 18,1-6). "Zaqueu, desce depressa, porque é preciso que eu fique hoje em tua casa" (Lc 19,5). Lugar da verdade e do encontro, o coração é, consequentemente, o lugar da "aliança". Por isso dizemos: rezar com o coração. Trata-se de uma relação de aliança estabelecida por Deus no fundo do nosso ser: é comunhão com a Trindade que vai nos "conformando à sua imagem e semelhança".

A CONTEMPLAÇÃO

Nos seus tradicionais e bem conhecidos *Exercícios Espirituais*, Santo Inácio de Loyola propõe, para a oração da "Segunda Semana", que, segundo ele, corresponde à segunda etapa da vida espiritual, a chamada "contemplação inaciana". É um método, uma forma de oração muito simples, pela qual nos fazemos presentes a um mistério da vida de Cristo e nos deixamos impregnar por ele, penetrando nesse mistério à luz da fé e do discernimento. Trata-se de uma experiência profundamente libertadora, mas não nos referimos a esse método, embora seja um excelente meio, um passo para a contemplação amorosa e unitiva, da qual estamos falando. Essa dispensa o método por melhor que seja.

Contemplar não é um modo de fazer, mas um modo de ser: ser contemplativo, explica o Papa Francisco. "É o olhar da Fé fixado em Jesus", a expressão mais simples do mistério da prece, porque "o amor autêntico é sempre contemplativo"[15]. Segundo os Mestres espirituais, é "um relacionamento íntimo de amizade em que conversamos muitas vezes a sós com esse Deus, por quem nos sabemos amados". E, "quando se ama e se sente amado, vive-se tranquilo sob a proteção da pessoa amada" (M.g., Ap., 21-22). Essa experiência, no entanto, é inefável; não se exprime o indizível. Daí que calar é a solução. Esse vazio é onde Deus se manifesta. Então nos encontramos nele, como afirma São João da Cruz: "O Eterno Pai diz uma única palavra, isto é, o seu Filho. E esta Palavra a diz sempre num eterno silêncio, e em silêncio deve ser ouvida pela alma"[16].

Na contemplação podemos meditar, contudo, o olhar se fixa no Senhor. Desejá-lo é sempre o começo do amor. A Fé nos faz nascer dele e viver nele. O tempo e a duração dessa oração depende de uma vontade determinada, reveladora dos segredos do coração. Não rezamos quando temos tempo; reservamos um tempo para sermos do Senhor, com a firme determinação de, durante o caminho, não o tomarmos de volta quaisquer que sejam as provações e a aridez do encontro. "As

---

15. CONGREGAÇÃO PARA OS INSTITUTOS DE VIDA CONSAGRADA E AS SOCIEDADES DE VIDA APOSTÓLICA, *Contemplai*, n. 2.
16. SCIADINI, PATRÍCIO (org.), *São João da Cruz*, Petrópolis/Carmelo Descalço do Brasil, 1984, Ditos, 98.

tentações e as lutas continuam até o fim de nossas vidas, mas com um coração puro ficamos tranquilos, mesmo em meio a uma existência agitada."[17]

Contemplar, portanto, é mais que uma maneira de orar; é confrontar-se com Alguém que interpela e chama a partir de dentro, ou seja, é uma maneira de *estar* com Cristo, evangelizando os nossos sentidos, reações, sentimentos. Trata-se de uma relação imerecida, gratuita; um conhecimento experiencial, e, por isso mesmo, fascinante! Implica uma relação afetiva em que o coração tem papel maior que a mente. Predominam os afetos, a vontade e o desejo de amar e de entregar-se mais; de buscar somente, e em tudo, a vontade de Deus, como Jesus. Assim como para Madre Clélia, que diz encontrar suas delícias em entreter-se com Deus, em conservar-se na sua presença. "Não que eu pense sempre em Deus sem qualquer interrupção – diz ela –, mas sinto que meu coração está continuamente unido a Deus e em tudo se deixa conduzir pelo seu Espírito" (D., 141).

A contemplação, porém, é dom, é graça, em que Deus é sempre o protagonista. É ele quem prepara o encontro, que desperta no coração o desejo; é ele que, primeiro, chama pelo nome e espera, "mais íntimo de nós que nós mesmos", como afirma Santo Agostinho: "Tu não o buscarias se ele não te buscasse primeiro". Essa graça, porém, só pode ser acolhida na humildade e na pobreza. "O Espírito Santo, que somente conhece e move o nosso íntimo, nos acompanha na verificação, na edificação, na transformação de nossa vida, para que seja acolhida e júbilo de uma Presença que nos habita."[18]

Contudo, um estilo de vida intensamente ativo e apostólico constitui, não poucas vezes, justificativa para muitos casos de

---

17. NOUWEN, *A oração do coração*.
18. CONGREGAÇÃO PARA OS INSTITUTOS DE VIDA CONSAGRADA E AS SOCIEDADES DE VIDA APOSTÓLICA, *Contemplai*, n. 1.

abandono da oração. Nem sempre se pode meditar, isto é claro, mas pode-se estar em oração, independentemente das condições de saúde, de trabalho ou afetividade. "A própria vida, assim como se apresenta, é chamada a se tornar o lugar da nossa contemplação."[19] "Quando nossas preocupações são levadas ao Coração de Deus e ali se transformam em oração, oração e ação se tornam duas manifestações do mesmo amor universal de Deus."[20] Experiência que Madre Clélia confidencia em seu diário: "Jesus se cala comigo; seu silêncio impressiona um pouco minha alma, que se sente quase impotente [...]. Minha disposição interna é de aridez; o que antes me alegrava, agora, me custa grande violência. Sinto a ausência daqueles transportes que me mantinham acordada durante a noite. *Fiat!* Tudo por teu amor, ó meu querido Jesus!" (cf. D., 160-161).

No entanto, é sobretudo nesses momentos, ou melhor, nesses estados interiores breves ou longos, que a oração dos lábios e do coração se completa com a oração das mãos que se estendem aos necessitados, sejam eles próximos ou distantes, carentes no corpo ou no espírito. "É ali que Deus encontra espaço para armar a sua tenda (Ap 21,3); na oração ou no profundo do coração onde Deus ama viver" (Gl 2,20)[21].

> Quando aprendemos a descer com nossa mente em nosso coração, todos os que fazem parte de nossa vida são guiados à presença curativa de Deus e tocados por ele no centro de nosso ser. Falamos aqui de um mistério para o qual palavras são inadequadas. É o mistério em que o coração, centro de nosso ser, é transformado por Deus em seu Coração; um coração grande o bastante para abraçar todo o universo. Pela oração, carregamos em nosso coração toda a dor e tristeza humanas, todos os con-

---

19. Ibid., n. 6.
20. NOUWEN, *A oração do coração*.
21. CONGREGAÇÃO PARA OS INSTITUTOS DE VIDA CONSAGRADA E AS SOCIEDADES DE VIDA APOSTÓLICA, *Contemplai*, n. 2.

flitos, agonias, toda a tortura e a guerra, toda a fome, solidão e miséria [...] porque o coração de Deus uniu-se ao nosso[22].

Em toda a sua vida, Madre Clélia buscou incessantemente a intimidade divina, correspondendo ao Amor com amor, como a hera que, unida a uma grande árvore, ergue-se aos mais altos cumes (cf. M.g., I, 8). Ela não apresenta uma doutrina; limita-se a encarnar o ideal de uma pessoa verdadeiramente consagrada ao Sagrado Coração[23]. Seus ensinamentos, exortações e, de modo especial, o seu diário espiritual revelam uma crescente e sempre mais aprofundada experiência de oração, até à configuração e união mística com Cristo. Ao se dispor a rezar, toma logo consciência da Divina Presença, que sente próxima, íntima, familiar, confiante, iniciando um "tu a tu", um "face a face", que lhe abre o coração a uma confidência plena e ilimitada[24]. O Coração de Jesus é o centro, o referencial de sua vida; ama-o e se sente amada, busca-o sempre e em tudo, com todas as forças. Por isso, todo lugar é bom para encontrá-lo e *estar* com ele: "Para rezar não me é necessário nem livro, nem método, nem esforços da mente e da vontade. Basta que entre suavemente em mim mesma; aí encontro Deus, a paz, às vezes cheia de suavidade, às vezes árida, mas sempre íntima e real" (D., 141).

Assim, em Madre Clélia "o Amor se faz lentamente estrada", passando do Coração de Jesus para o coração de todos que ela ama, a começar pelos mais próximos. A própria experiência, "regada com as lágrimas e com o suco do sacrifício nutrido com a seiva pujante da oração", faz dela Mãe e Mestra de vida espiritual para cada pessoa que deseja seguir os seus passos na via estreita do amor. Mostra o caminho a seguir sem floreá-lo, até mesmo exigente, ao mesmo tempo em que o apresenta de modo acessível e atraente: "Deves começar deste modo: pouco

---
22. NOUWEN, *A oração do coração*.
23. Cf. TERRINONI, *Perfil biográfico...*, 6-7.
24. Cf. id., *A intimidade divina*, n. 1, 54.

a pouco e com suavidade, confiando ilimitadamente no Divino Coração de Jesus que te chama dizendo: 'Vinde a mim, vós todos que estais cansados e oprimidos, e eu vos aliviarei. Vós todos que tendes sede, vinde à Fonte'" (M.p., 53).

O desígnio eterno de Deus é que nos conformemos à imagem de Cristo; porém, o Pai "esconde estas coisas aos sábios e entendidos e as revela aos pequeninos" (Mt 11,25). "*Estar com Jesus forma para um olhar contemplativo da história, que sabe ver e escutar em toda parte a presença do Espírito e, de modo privilegiado, discernir a sua presença para viver o tempo como Tempo de Deus.*"[25] A própria Encarnação do Verbo deu-se no silêncio da noite: "Quando um profundo silêncio envolvia todas as coisas e a noite estava no meio do seu curso, a vossa Palavra onipotente, Senhor, desceu do seu trono real"[26]. E foi assim, em Belém, quando o choro de um recém-nascido quebrou o silêncio do universo.

"A noite, símbolo obscuro e sombrio, se torna imagem cheia de esperança." "É pela Cruz, supremo ato de misericórdia e de amor, que se renasce como uma nova criatura" (Gl 6,15)[27]. E o fundamento principal de tudo para um coração contemplativo deve ser a humildade, a confiança, o amor – uma Pessoa: Jesus!

"O Coração de Jesus seja o nosso *tudo*" (M.g., II, 80). "Desejo e faço votos de que o ames muito, muito, muito, e que o tornes amado por todos" (M.g., Ap., 21-22).

---

25. CONGREGAÇÃO PARA OS INSTITUTOS DE VIDA CONSAGRADA E AS SOCIEDADES DE VIDA APOSTÓLICA, *Alegrai-vos*. Carta Circular aos Consagrados e Consagradas, n. 6, disponível em: https://www.vatican.va/roman_curia/congregations/ccscrlife/documents/rc_con_ccscrlife_doc_20140202_rallegratevi-lettera-consacrati_po.html, acesso em: 02 jan. 2022.
26. LITURGIA DAS HORAS, Ant. ao *Magnificat* 26/12, inspirada em Sabedoria 18,14-15, Petrópolis, Vozes, ⁴2004, v. 1.
27. CONGREGAÇÃO PARA OS INSTITUTOS DE VIDA CONSAGRADA E AS SOCIEDADES DE VIDA APOSTÓLICA, *Alegrai-vos*, n. 6.

8

O caminho para a plenitude: do "eu" ao mergulho no Ser – "Eu/Tu" Discernir é preciso!

Até que Cristo se forme em vós (Gl 4,19).

A vida humana é busca contínua de realização, um caminhar em direção a algo material ou imaterial, em curto ou em longo prazo: uns buscam saúde, paz, felicidade; outros anseiam por riqueza, poder, prazer, bens de consumo e outras coisas materiais, que apenas parecem preencher o "vazio interior", que essa "fome de absoluto" provoca em todo ser humano saudável. Mas há outros que, não satisfeitos, buscam algo mais, empreendendo a fascinante aventura em busca da liberdade do "eu", o caminho do próprio centro de realização plena. No sentido religioso e espiritual, fala-se em "plenitude humana", "plenitude divina", "santidade" – para dizer a vocação última de todo ser humano, seu fim existencial e realização definitiva.

Essa busca pela plenitude é a maior meta humana, o horizonte existencial, sobretudo de quem sabe discernir, entre o "ter" e o "ser", as razões e motivos relacionados entre as coisas que preenchem e libertam, discernindo e equilibrando-se entre os muitos "desejos" (moções) e "vontades", e superando os próprios medos de crescer e "deixar-se conduzir". Nesse sentido, os "desejos" são de grande importância para se progredir.

Na vida espiritual, porém, nem todos têm a mesma autenticidade, mesmo que sejam experiências reais. São autênticos os que se acham vinculados à nossa própria identidade, os que vêm a nós, a partir de Deus, como seus apelos[1]. E "'como é possível saber se algo vem do Espírito Santo ou se deriva do espírito do mundo e do espírito maligno?', questiona o Papa Francisco. E ele mesmo responde: 'A única forma é o discernimento. Este não requer apenas uma boa capacidade de raciocinar e sentido comum, é também um dom que é preciso pedir'" (GE, n. 166).

Daí a importância do discernimento, isto é, *tomar consciência* da diversidade de pensamentos e sentimentos provocados pelos "desejos", para saber de onde vêm e para onde levam, uma vez que discernir é uma questão de escolha. É buscar a vontade de Deus, a realização de seu projeto de amor para cada um de nós e escolher sempre o que "mais" conduz à sua realização. "A maior ousadia na vida espiritual é 'deixar-se levar' pelo Espírito"[2], na realização da vocação fundamental da pessoa humana: a posse de Deus – a plenitude da vida em Cristo!

É consolador saber que, nesse caminho, não se está só. Antes de sermos criados para algo, para uma meta, qualquer que seja, somos criados para Alguém, para "um Outro", no qual temos a nossa origem: "Somos de sua raça, de sua linhagem". E "Deus assim o quis para que o buscássemos e, ainda que às apalpadelas, o encontrássemos. Pois ele não está longe de nós, ao contrário, nele vivemos, nos movemos e existimos" (At 17,27-28). Deus é plenitude e somente ele pode nos plenificar e santificar.

No Coração de Jesus, Deus nos liberta e salva para que possamos atingir a estatura de pessoas plenas, dignas de nossa vocação. Isto é, nele fomos escolhidos e predestinados a

---

1. Cf. CABARRUS, CARLOS RAFAEL, *A pedagogia do discernimento. A ousadia de deixar-se levar*, São Paulo, Loyola, 1991, nota 7.
2. CABARRUS, *A pedagogia do discernimento*, 15.

sermos filhos, até chegarmos, todos juntos, à unidade na fé e no conhecimento do Filho de Deus, ao estado de adultos, à estatura do Cristo em sua plenitude (cf. Ef 17,1-13). "Pois esta é a vontade de Deus – a vossa santificação" (1Ts 4,3; cf. Ef 1,4). Esse anseio norteou a vida de Madre Clélia, que sempre o estimulou às suas Apóstolas e também a quantos lhe eram próximos e dedicados: "Somente Deus sabe quanto é grande o desejo que tenho de saber que cresceis diariamente na virtude, uma virtude sólida, durável, alicerçada no desprendimento de si e da própria vontade. O que Deus permite não é excessivo, e a pessoa generosa, amante da perfeição, não dirá jamais: 'Chega!'" (cf. M.g., Ap., 35-36).

Contudo, o nosso aperfeiçoamento crescente deve ser intuído em sua amplitude: corpo – psique – espírito. Pessoa humana integral, essencialmente constituída é aquela que desenvolveu ao máximo as três faculdades irredutíveis entre si: razão, sentimento e vontade, ou seja, a sua capacidade de raciocinar, de imaginar, refletir, idealizar, julgar, etc., e de decidir e agir com vistas a modificar e transformar o mundo à sua volta e a sociedade em que vive, começando por modificar a si mesma. Ideal presente de muitas maneiras nos ensinamentos e nas exortações de Madre Clélia: "Procura cultivar quanto puderes as pessoas que te são confiadas, lembrando sempre de que a alma é semelhante à terra: precisa ser trabalhada, cultivada, para tornar-se fecunda. Tens necessidade de muitas luzes e de força para desempenhar teu ofício de acordo com a Vontade divina" (cf. M.g., II, 121).

Cuidar de si e da pessoa humana na sua totalidade é tarefa de todo discípulo e discípula do Coração, seja qual for a sua ocupação e missão. No entanto, sendo cada um "obra única, mas sempre inacabada de Deus", deve acolher essa missão como vocação e dom. É um chamado a fazer-se companheiro na caminhada de tantos outros pelos misteriosos caminhos de "volta para a casa". É fazer-se "sensível a tudo o que o próximo experimenta, tanto no bem como no mal: chora com os que choram, alegra-se com os que se alegram [...], porque em todos vê os membros do mesmo Corpo, cuja cabeça é Jesus Cristo" (cf. M.g., I, 23). Como alguém que experimentou e experimenta ainda os riscos dessa "aventura amorosa", procura estar atento, fixando e apontando sempre para Aquele que é, ao mesmo tempo, Caminho e Meta de chegada – o Coração de Jesus.

Percebemos, no entanto, que, como toda pessoa humana, tememos aquilo que mais ansiamos. Temos medo de nos lançarmos em direção à meta, de soltarmos as seguranças, de enfrentarmos as sucessivas mortes do "eu", para nos revestirmos de Cristo e assumir as suas escolhas. E, quando o medo nos domina, vamos nos adaptando às exigências do meio, do mundo e da sociedade em que vivemos, distanciando-nos, pouco a pouco, de nós mesmos e do projeto de Deus em relação a nós. Desse modo, progressivamente, vamos perdendo de vista nossos anseios mais profundos, entrando em uma confusão interior, mais ou menos intensa, que Inácio de Loyola chama de "desolação": "um estado interior mais ou menos intenso, que obscurece a alma causando-lhe inquietação e agitações diversas, tentações e, por consequência, falta de confiança, de esperança e de amor; tristeza, preguiça, tibieza" (EE, n. 317)[3]. Trata-se de "um regresso contínuo do espírito, um decréscimo, um empobrecimento espiritual, um progressivo esvaziamento interno"[4].

Espiritualmente falando, não se trata de vencer o medo ou de superá-lo, mas de assumi-lo também como uma força interior que orienta as nossas ações diante dos desafios. Tem a função de dinamizá-los, a fim de enfrentarmos e superarmos as

---

3. Regras para, de algum modo, sentir e conhecer as diversas moções que se produzem na alma, as boas para acolher, as más para repelir (SANTO INÁCIO DE LOYOLA, *Exercícios Espirituais*, 1966).
4. Id., nota explicativa sobre a desolação, 193.

dificuldades. Situações difíceis, problemas, precisam ser superados mesmo com medo, e apesar do medo. Permanecer firmes nos compromissos assumidos, ancorados na fidelidade ao Coração de Jesus e ao seu Reino.

Daí a importância de um acompanhamento, tanto psicológico como espiritual. Todas as fases da vida têm seus medos, que podem atravancar o caminho ou tornar a vida enfadonha. Destacamos algumas das suas dimensões, mais características de uma primeira etapa da vida espiritual, em que não apenas Deus age com suas graças e consolações, muitas vezes sensíveis, mas também o inimigo de nossa felicidade, que se apoia muito nos nossos sentimentos feridos, "naquele nosso pontinho fraco", para nos levar ao desânimo e fazer abandonar o caminho.

Medo do fracasso

Nada mais é que medo de sofrer. Muitas vezes, um gesto depreciativo, uma palavra de menosprezo, um comentário negativo, um olhar de indiferença é suficiente para que a pessoa se sinta a menor das criaturas. Mágoas e ressentimentos geram pensamentos derrotistas que levam ao fechamento e, consequentemente, à incapacidade de amar, de doar-se e crescer na intimidade com o Senhor e no serviço aos irmãos. "As lembranças desse mal, dessa ofensa, dessa derrota aumentam centuplicadamente as apreensões – adverte Madre Clélia. Não perceber o mal que fazem os pensamentos inúteis como um dos maiores obstáculos à nossa santificação é um dos sinais mais certos da tibieza" (cf. M.g, I, 24). A pessoa passa a acreditar que é incapaz, que nada do que faz dá certo, que nasceu para ser derrotada. Por medo de fracassar desiste de tomar iniciativas e de esforçar-se por atingir a meta almejada. "Não nos devemos perturbar e cair no desalento – aconselha ainda. Não nos devemos dobrar e ceder sob os golpes da desventura" (M.g., II, 79-80).

MEDO DOS OUTROS, TIMIDEZ OU FOBIA SOCIAL

Caracteriza-se por ansiedade, nervosismo, apreensão, desconforto, que algumas pessoas sentem na interação com outras. Preocupação exagerada com a "aprovação", com "o que vão pensar" ou dizer, gerando a desconfiança e outros condicionamentos. Tais sentimentos levam a construir muros, a classificar as pessoas pela aparência, adotando posturas defensivas ou agressivas. Madre Clélia sugere tolerância e humildade, doçura e paciência nas relações mútuas, a tratar o próximo como gostaríamos de ser tratados e, acima de tudo, a caridade: "Suportai-vos mutuamente com grande humildade – ensina –, e isso excluirá as suscetibilidades e as pretensões, as murmurações e os resmungos, as críticas, as indiretas, os ditos mordazes, as antipatias e as impaciências pelos desprezos recebidos" (cf. M.g., I, 29). Para tanto, sugere também a vigilância, desprendimento de si, fazer bem a oração e colocar uma sentinela de paz sobre os próprios sentimentos, a fim de realizar qualquer trabalho com tranquilidade e segurança. (cf. M., 13).

MEDO DE CRESCER

Medo de enfrentar os desafios. Omissões, segredos e mentiras que levam a fugir de responsabilidades, a "queimar etapas", dificultando o crescimento e o autoconhecimento. Teme-se o crescimento por exigir maior responsabilidade, exposição mais frequente perante os outros e suas exigências. Situações essas que causam incômodos e se apresentam sempre como desagradáveis. Daí que, para a pessoa, *estacionar* é a melhor solução. Como consequência, pode surgir a depressão, a desmotivação, o sentimento de fracasso, a letargia e a incapacidade de lidar com as diferentes situações da vida. Tudo isso afeta, também, consideravelmente, o crescimento espiritual, a relação pessoal com Deus, que chama sempre para um "mais";

a alargar o espaço, alongar as cordas e consolidar as estacas da própria tenda, "pois deverás estender-te à direita e à esquerda" (cf. Is 54,2-5).

Animada de grande fortaleza e zelo incansável, Madre Clélia é firme também ao exigir maior ânimo e generosidade no seguimento de Jesus, por vezes com alguns "chacoalhões e puxões de orelhas": "Não entendo por que andas de cabeça baixa, pois já é tempo de erguer a cabeça e fixar no alto o olhar e o pensamento". Os muitos e grandes auxílios recebidos de Deus justificam o "deixar de ser criança nos seus caminhos e andar como adulto, caminhar rapidamente pela via traçada por Jesus" (cf. M.g., I, 1). "Se queres verdadeiramente [...] um coração semelhante ao de Jesus – diz Madre Clélia –, prepara-te para as provas e aceita os sofrimentos que Deus te manda, pois que serão a escola divina onde aprenderás a arte de fazer bem às pessoas e salvá-las. Um coração que jamais sofreu saberá, acaso, compadecer-se e consolar quem chora?..." (cf. M.g., II, 26). O próprio Jesus advertiu os seus discípulos quanto aos desafios a serem enfrentados, antes de enviá-los a anunciar o Evangelho pelo mundo: "Eis que eu vos envio como ovelhas no meio de lobos. Sede, portanto, prudentes como as serpentes e simples como as pombas [...]. Vós sereis odiados por todos, por causa de meu nome. Mas quem perseverar até o fim, esse será salvo" (cf. Mt 10,16-23).

MEDO DE MUDANÇA

Mudar faz parte do processo de desenvolvimento de todo ser vivo. Faz parte da vida, mudar, experimentar situações novas. Há, contudo, a tendência à acomodação a uma situação confortável, à busca de estabilidade e de certezas. Paralisa-se em rotinas rígidas e inflexíveis que impedem o crescimento. Teme-se "gastar" a vida e acaba-se por perdê-la, torná-la vazia de sentido (cf. Mc 8,34b-35). "Parece-nos, ao contrário, que mais tarde estaremos dispostos, que a coragem virá mais tarde, que as circunstâncias serão mais propícias. No entanto, não queremos morrer tais quais somos [...]. Comecemos, hoje mesmo, a vida na qual queremos morrer" (M.g., I, 168). Portanto, é importante saber olhar de frente os próprios medos, identificá-los, encará-los, sem se deixar controlar por eles; enfraquecê-los, tomando-os como são, até que se possa dissolvê-los em consciência e coragem e crescer na autoconfiança.

A FIGURA BÍBLICA DE JONAS (CF. JN 1-4)

Maslow e a psicologia humanista fazem de Jonas o *arquétipo* de cada um de nós em contato com o Transpessoal, o Transcendente; as dificuldades e esperanças que ele pode despertar e também os medos que esse contato pode suscitar em nós. Jean-Yves Leloup faz uma reflexão minuciosa e profunda do chamado *Complexo de Jonas*[5], como o medo da nossa grandeza e das exigências que dela decorrem. "Jonas é o símbolo do ser humano material, que tem nele uma dimensão espiritual, mas que renega essa dimensão [...], pelo medo da diferença, o medo de ser único, que implica uma adesão à sua vocação profunda."[6]

> A palavra do Senhor veio a Jonas, filho de Amati: "Levanta-te! Vai a Nínive, aquela grande cidade, e denuncie suas injustiças que chegaram à minha presença". Jonas partiu, então, com intenção de escapar da presença do Senhor, fugindo para Társis [...], mas o Senhor mandou sobre o mar um vento forte que provocou grande agitação com ondas violentas que, parecia, iam arrebentar o navio...

---

[5]. LELOUP, JEAN-YVES, *Caminhos da realização. Dos medos do eu ao mergulho no Ser*, tradução de Célia Stuart Quintas, Lise Mary Alves de Lima, Regina Fitipaldi, Petrópolis, RJ, Vozes, 1996.
[6]. Ibid., 27-28.

Em princípio, Jonas representa a pessoa acomodada, "a pessoa deitada e adormecida, que não quer se levantar e não quer cumprir missão alguma". Mas Deus, porque confia nele, quer arrancá-lo de sua inanição, irrompe na sua vida e lhe dá uma missão. Ele, ao contrário, cheio de medo – "Nínive era uma cidade fabulosamente grande; do tamanho de uma caminhada de três dias" –, toma outro rumo: foge para Társis. Por isso, é também símbolo da pessoa em fuga de si mesma.

Jonas revela a pessoa que, refém de seus medos, vira as costas aos seus apelos mais profundos, fechando-se para a vida. À medida que os enfrenta, que aceita "ser *lançado no mar*", enfrentando o processo de modificação interior, de transformação do eu, encontra-se com a própria essência, deixando para trás as sombras que obscurecem sua vida e a tornam enfadonha, amarga e sem sentido. Aí, sim, pode-se falar em "sinal de Jonas": morte-ressurreição, como e com Jesus: "Assim como Jonas esteve três dias e três *noites* no *ventre* de um grande peixe, assim o Filho do homem ficará três dias e três noites no coração da terra" (Mt 12,39-40).

> À semelhança do profeta Jonas, sempre permanece latente em nós a tentação de fugir para um lugar seguro, que pode ter muitos nomes: individualismo, espiritualismo, confinamento em mundos pequenos, dependência, instalação [...]. Talvez nos sintamos relutantes em deixar um território que nos era conhecido e controlável. Todavia, as dificuldades podem ser como a tempestade, a baleia, o verme que fez secar o rícino de Jonas, ou o vento e o sol que lhe dardejaram a cabeça; e, tal como para ele, podem ter a função de nos fazer voltar para este Deus que é ternura e nos quer levar a uma itinerância constante e renovadora (GE, n. 134).

Na experiência de encontro pessoal com o Senhor, ocorre muitas vezes estacionarmos com medo de ir em frente. Medo de nos confrontarmos com as exigências de nossa vocação fundamental, religiosa ou apostólica, tomando rumos diferentes. Isso pode ser a causa de muitas das "desolações" que experimentamos, simbolizadas pela tempestade, pelas ondas ameaçadoras que atingem o navio, ou mesmo por um torpor, um adormecimento espiritual. Como Jonas, resistimos a essa "experiência numinosa"[7] que ecoa em nosso íntimo; aquilo que nos atrai e que ao mesmo tempo nos faz temer: o encontro com Deus e com a nossa "grandeza". "Para se ter acesso a esse Eu mais elevado, deve-se soltar as rédeas deste eu [...] entrarmos no desejo de nos fazermos Um com aquele que chamamos Deus, a Fonte do Ser"[8], o Eu Sou!

Nesse itinerário de Fé, que é também caminho para a integração e unidade interior, é importante não apenas perceber, mas também discernir as possíveis causas de bloqueios, indo às suas raízes, para "tirar de si todas as afeições desordenadas e, afastando-as, procurar e encontrar a vontade divina, na disposição da própria vida" (EE, n. 1)[9]. "A verdadeira liberdade da alma – diz Madre Clélia – é a de não se prender a coisa alguma" (M.p., 22). "Para alcançar a perfeição é necessário uma contínua e árdua guerra contra o próprio egoísmo, desprendimento. Exercitar-se, confiar em Deus e jamais abandonar a oração" (cf. M.p., 58).

O fluxo natural da vida humana, sobretudo da pessoa orante, sofre paradas, crises, que podem ser um momento de crescimento, um "tempo de Graça". "Nossa vida é uma prova contínua; uma contínua lição de humildade" (cf. M.g., I, 38). Mas, se há movimento, há vida, dizem alguns experientes em

---

7. "Numinoso: estado de vivência que o ser possui acerca de questões sobrenaturais, geralmente sagradas, transcendentais ou de divindade, comportando-se e sendo influenciado por essas questões". *Dicio: Dicionário Português online*, disponível em: https://www.dicio.com.br/, acesso em: 02 jan. 2022.
8. Cf. LELOUP, *Caminhos da realização*, 38.
9. Anotações para adquirir alguma compreensão dos exercícios espirituais que se seguem e para ajudar tanto o que os há de dar como o que os há de receber. Primeira anotação.

discernimento espiritual. Por trás do medo, das resistências, está um desejo de vida mais plena, e a "porta" de acesso a ela: uma conversão integral, progressiva, dinâmica. Toda pessoa é chamada a "dar o melhor de si mesmo para crescer rumo àquele projeto, único e irrepetível, que Deus tem para si, desde toda a eternidade: 'Antes de te haver formado no ventre materno, eu já te conhecia; antes que saísses do seio de tua mãe, eu te consagrei' (Jr 1,5)" (GE, n. 13). Toda pessoa é, portanto, um ser a caminho, em constante criação. Sua realização acontece somente quando, "discernindo e descartando prontamente as propostas falazes do inimigo, responde reta e generosamente à proposta de Quem e do Único que, gratuita e amorosamente, pode e quer oferecer-lhe a vida em plenitude"[10].

Desse modo, a atitude orante e contemplativa, sobretudo nos tempos de desolação, é de vital importância. É convite a voltar-se para o Senhor, deixar-se iluminar, escutá-lo e acolher com confiança o que ele tem a manifestar. "O abatimento não serve senão para enfraquecer as forças do espírito. Como a hera que, deixada a si só, não faz senão arrastar-se por terra. Mas, unida a uma grande árvore, ergue-se aos mais altos cumes: imagem fiel da alma unida a Deus" (M.g., I, 2). A desolação é, por isso, também um dom, uma oportunidade de crescer e ajudar outros na relação com Deus e no próprio discernimento espiritual.

O crescimento espiritual requer desprendimento de si, simplicidade evangélica, confiança em Deus e na sua ação individualizada e incondicional. O encontro com a sua misericórdia faz surgir a vida e cura as feridas. Leva a partilhar o pão da própria experiência, a cultivar em profundidade o desejo de viver e de fazer desenvolver a vida em qualquer lugar e em qualquer circunstância, conforme a metodologia do próprio Jesus: *restaurar a vida em sua plenitude*, isto é, ajudar-se e ajudar outros a "apo-

---
10. LELOUP, *Caminhos da realização*, 38.

derar-se" da própria liberdade, a lutar pela própria dignidade e a perceber os fatos como eles são, com lucidez e *espírito crítico*.

A Fé, o olhar fixo em Jesus, é o antídoto para as nossas mediocridades, como aconselha São Paulo: "Deixemos de lado tudo o que nos atrapalha e desvencilhemo-nos do pecado que nos envolve. Corramos com perseverança ao combate proposto, com o olhar fixo em Jesus, autor e consumador de nossa fé" (cf. Hb 12,1-3). Do mesmo modo, com zelo materno Madre Clélia exorta a não buscarmos indolentemente a conquista desse aperfeiçoamento, a não nos assustarmos com as provas, mas, com ardor e entusiasmo, levar a chama do amor a todos os ângulos da alma, para em tudo buscar somente a honra e a glória de Deus (cf. M.g., II, 180). E questiona: "O Evangelho diz que os bem-aventurados e os santos são humildes, pobres e desprendidos de tudo. Encontramos, nós, lugar entre eles pela negligência, frieza, vida cômoda e sem aflição? Lembremo-nos de que também nós devemos tornar-nos santos" (M.g., I, 122).

O Coração de Jesus é a síntese nessa caminhada para a plenitude do "eu"; do mergulho no Ser, naquele que realmente "é" – o "Eu Sou". Seguir Jesus significa tê-lo como referencial, descentrar-se de si mesmo, não mais ser o centro do próprio projeto, sabendo embora que, nesse seguimento, nunca se está totalmente livre dos próprios inimigos: erros, limites e fraquezas. "Tome a sua cruz e siga-me", disse Jesus (Mt 8,34). Por isso, Madre Clélia nos estimula afirmando que "a cruz e a humilhação são nossas armas; a natureza e o nosso amor-próprio não os entendem assim, mas não devemos ouvi-los [...]. Se algumas vezes nossa fraqueza nos faz cair, humilhemo-nos, sem desanimar, e abracemos com maior confiança e ardor o Coração Sacratíssimo de Jesus" (M.g., I, 86). Sábia e experiente, recomenda muito cuidado para não nos deixarmos vencer pelo inimigo de nosso bem espiritual, "pois ele é muitíssimo esperto" e também costuma agir fortemente, sobretudo nessas circunstâncias.

"Nos momentos de luta entre a natureza e o espírito – diz-nos –, ergue a Deus teu coração, a ele confia teus sofrimentos, tuas angústias, e somente ele te consolará" (M.g., Ap., 15-16). Seguir em frente, pois, acolhendo aquilo que diariamente cruza o próprio caminho; aceitar-se com todas as suas contradições.

Assim, sempre mais conscientes de nossa missão como leigos ou consagrados, é importante que tenhamos sempre em vista nossa vocação fundamental, ratificada pela consagração batismal e pela riqueza da "espiritualidade do Coração de Jesus". Contemplar a experiência espiritual como aquilo que realmente deve ser: seguimento de Jesus, sempre a caminho de Jerusalém: paixão, morte e ressurreição! Ele mesmo adverte as multidões que o seguem sobre as exigências de um autêntico seguimento. Para Jesus, não basta o "desejo", o entusiasmo passageiro e o fervor momentâneo (cf. Mt 19,16-22) e, por vezes, parece testar as reais motivações e a sinceridade daqueles que estão caminhando com ele (cf. Lc 14,26).

Tanto psicológica como espiritualmente, a pessoa evolui pelo desejo e pelo medo: avanços, fugas e recuos. Humanamente falando, o medo é algo tão natural como o instinto de sobrevivência. Desde o Paraíso terrestre, quando o ser humano quebrou sua aliança e a convivência harmoniosa com o Criador, o medo se instalou em seu coração: "Ouvi teus passos no jardim, por isso tive medo..." (Gn 3,10). E o ser humano continuou a temer... "Uma longa cadeia de medos, da primeira à última respiração, nesta terra de sombras." Com maior ou menor intensidade, todos os medos têm em comum um sentimento de ameaça.

Na vida espiritual, o medo é sinal de que ainda não entramos ou titubeamos na dinâmica do Reino, no caminho de Jesus. Isso se torna evidente, por exemplo, quando, no encontro com o Senhor, nos sentimos interpelados a um "mais": mais qualidade de vida, mais compromisso, mais coerência... Sentimo-nos movidos a nos transformar e a transformar o mundo! Mas vem logo o medo!... Começamos então, pouco a pouco, a encontrar dificuldades para nos colocarmos à escuta do Senhor: resistências, justificativas, fugas... falta de gosto para rezar, superficialidade, chegando, não poucas vezes, ao abandono da oração. Como uma sensação natural, própria de todo ser vivo, o medo serve também como alerta ao organismo, provocando uma reação protetora necessária e prudência nas tomadas de decisões; porém, por revelarem sintomas de nossas debilidades, costumamos disfarçá-los para que se tornem aceitáveis e, desse modo, são também a causa de muitas das nossas "paralisias" diante dos desafios e exigências do seguimento de Jesus.

Por essa razão, como podemos verificar, a expressão: "Não temas" aparece frequentemente na Bíblia, tanto no Antigo como no Novo Testamento; exatamente 365 vezes, conforme alguns! Por exemplo: "Disse o Anjo a Maria, não temas, pois achaste graça diante do Senhor" (Lc 1,30); "Nada temas, porque estou contigo, não lances olhares desesperados, pois Eu Sou teu Deus. Eu te fortaleço e venho em teu socorro, eu te amparo com minha destra vitoriosa" (Is 41,10-13); "Porque eu, o Senhor teu Deus, te seguro pela tua mão direita e te digo: 'Não temas, eu te ajudarei'" (Is 41,13)...

Jesus mesmo a expressou em diversas circunstâncias, para dizer que o medo não pode impedir tomadas de atitudes necessárias e vitais para a plena realização e salvação. No episódio da pesca milagrosa, pescadores experientes já estão desanimados, depois de passar a noite toda em sucessivas tentativas e nada apanhar. A pedido do Mestre, lançam mais uma vez a rede, que volta repleta de grandes peixes. Então, "ele [Pedro] e todos os que estavam com ele ficaram espantados com a quantidade de peixes que tinham pescado. [...] Jesus disse a Pedro: 'Não tenhas medo! De agora em diante serás pescador de homens'" (Lc 5,9.10b). Ao chefe da sinagoga, Jairo, que lhe suplicava a cura de sua filhinha doente, "chegaram alguns dizendo: 'Tua filha morreu. Por que ainda incomodas o Mestre?' Jesus ouviu a notícia e disse a ele: 'Não tenhas medo, crê somente'" (Mc 5,35-36). No episódio da tempestade no mar, em que a barca com os discípulos era agitada pelo vento contrário, Jesus foi até eles caminhando sobre as ondas. Os discípulos tiveram medo, pensando que se tratasse de um fantasma. E Jesus lhes disse: "Coragem! Sou eu. Não tenhais medo" (Mt 14,22-34). Na ceia de despedida, consola e encoraja os discípulos, quando é ele mesmo quem caminha para o sofrimento e a morte: "Disse-vos essas coisas para que tenhais a paz em mim. No mundo haveis de ter aflições, mas coragem! Eu venci o mundo" (Jo 16,4).

Coragem! Esta é também uma das expressões mais frequentes de Madre Clélia nas suas exortações: "Coragem!... Estamos em campo de batalha; as feridas que recebemos do inimigo, do nosso amor-próprio, nos tornam mais ardorosos na luta..." (M.g., II, 95). "Coragem! A luta é dura, mas será mais belo e consolador o triunfo" (M.g., I, 159). "Coragem e confiança no Sacratíssimo Coração de Jesus, e tudo estará de acordo com os divinos desejos" (M.g., I, 149). "Coragem, pois, e avante pelo caminho estreito dos santos" (M.p., 19-20).

Em síntese, a vida espiritual é um caminho "de volta para casa". Caminho da unidade interior, da plenitude e totalidade da vida. É um "mergulho no próprio Ser", onde Deus habita; encontro e realização do "eu" com o "Tu" de Deus – o totalmente Outro. É caminho de descida no seguimento e configuração com Jesus até aos abismos da humildade, da entrega confiante ao Pai e aos irmãos. Por isso mesmo, caminho que não se percorre sem sobressaltos, sofrimentos e mortes do "eu"; caminho que leva à vida em plenitude e à Plenitude da Vida. "A experiência de Deus é a experiência de nosso 'eu' profundo [...] é a experiência da Vida."[11] Uma Vida plena de sentido: bem-aventurada! Feliz!

---

11. PANIKKAR, R., *Ícones do Mistério. A experiência de Deus*. Tradução de Pedro Lima Vasconcellos, São Paulo, Paulinas, 2007.

9

Amar com o Coração de Cristo
Caritas Christi urget nos!

A vida espiritual sempre foi entendida como "caminho", "seguimento" de Jesus Cristo. As muitas e diferentes "espiritualidades" são compreendidas como *caminhos* dentro do único *Caminho* que é Jesus. Daí que a "Espiritualidade do Coração" encerra e sintetiza todas: é o ponto de partida e de chegada de toda espiritualidade. É uma proposta fascinante, um caminho misterioso que constitui a própria maneira de ser discípulo de Cristo e de viver a santificação pessoal querida pelo Pai, a partir do Coração do Filho.

Herdeiros de tão grande graça, Jesus se nos oferece também como modelo, incitando-nos à imitação: "Vinde e aprendei de mim que sou de Coração humilde e manso!". Convite claro, explícito: "entrar" na escola de seu Coração para percorrer uma aventura de fé: um itinerário de Amor. A resposta, porém, é pessoal; requer decisão, participação livre, generosa e ativa. Por isso, tem seus ritmos, seus crescimentos e seus dinamismos; experiências de luzes e de sombras, de avanços e recuos, de consolações e desolações.

A maneira típica de viver a "Espiritualidade do Coração", segundo Madre Clélia, é deixar-se conduzir pelo caminho do Amor:

o Amor de Deus feito Homem, que brota do Coração de Jesus, com uma resposta também de amor e de gratuidade que "consiste no sacrifício e na virtude: generosidade, confiança, humildade, serenidade de espírito, despojar-se de tudo [...]. Pouco a pouco, com suavidade, mas forte como um gigante e resolvido a dar a vida, se necessário, pois o próprio título de discípulo o exige".

Como mãe e mestra espiritual, conhecedora por experiência das surpresas do caminho, Madre Clélia lembra que o céu nem sempre estará sereno nesse caminho, mas muitas vezes envolto em nuvens, e anima a prosseguir com coragem, a manter firme a mão no arado e, mais do que nunca, o propósito de rezar, de lutar e de vencer. "Ao final da via dolorosa, não antes, escreve, ser-te-á permitido olhar para trás; então verás com agradável assombro, atrás de ti, todo florido, o sulco cavado com tanto sofrimento, e alegrar-te-ás de ter perseverado" (M.p., Ap., 149).

Revestindo-nos dos sentimentos de Jesus, o Filho Amado, o Espírito Santo nos insere no projeto de Amor misericordioso do Pai, prolongando a encarnação no tempo e na História. Isso exige que Jesus esteja no centro de tudo – lembra Madre Clélia –, dos afetos e pensamentos, da oração, dos trabalhos, da vida, enfim, como Palavra de vida e Coração pulsante. Caminha e avança no "Caminho" somente quem se deixou atrair e fascinar por Jesus, que, no entanto, respeita a liberdade de resposta; porém, "se o deixarmos livre para agir, fará de nós, por mais miseráveis que sejamos, outros tantos santos" (cf. M.g., II, 173-174). "Deixai-vos atrair por ele, [...] deixar-vos amar por ele, e sereis as testemunhas de que o mundo precisa."[1]

Desse modo, com liberdade, disponibilidade e confiança, discípulo e discípula são chamados a entrar nessa "escola" para

---

1. Cf. BENTO XVI, PAPA, *Mensagem para a XXVIII Jornada Mundial da Juventude*, 2013, disponível em: https://www.vatican.va/content/benedict-xvi/pt/messages/youth/documents/hf_ben-xvi_mes_20121018_youth.html#:~:text=Queridos%20jovens%2C%20n%C3%A3o%20tenhais%20medo,5, acesso em: 02 jan. 2022.

contemplar e assimilar as lições que revelam uma longa História de Amor. História que tem início "antes mesmo da Criação" (cf. Ef 1,3-12) e que se desvenda aos nossos olhos no Coração pulsante do Verbo de Deus Encarnado: pequenino e frágil em Belém, humilhado, transpassado e morto no Calvário, mas sempre Vivo e Ressuscitado, Pão Eucarístico e companheiro na jornada.

Entrar, portanto, nessa escola pela "porta estreita", pela "chaga do amor". Entrar para "ler o mistério do Coração do Homem Crucificado, que era e que é o Filho de Deus"[2]. Entrar para compreender com São Paulo "qual seja a largura, o comprimento, a altura, a profundidade; conhecer também o amor de Cristo, que ultrapassa todo conhecimento" (Ef 3,18-19). Assim, repleto da consolação de Deus, "levar a todos o abraço de Deus, que se inclina sobre nós com ternura de mãe – a ternura do Coração de Cristo"[3].

1ª Etapa: Fascinação

Deixar-se atrair pelo Amor

Em Marcos 1,15-25, Jesus proclama a Boa-Nova da chegada do Reino de Deus. Ao contrário das expectativas, a era dos profetas se encerra, e Deus invade a História na pessoa de Jesus. E ele não somente proclama a Boa-Nova; ele mesmo é o foco desse anúncio e de todo o Evangelho. Contudo, a iniciativa de Deus requer um compromisso. Deus não constrói seu Reino independentemente do envolvimento humano; por isso, Jesus chama, busca colaboradores. Um convite austero, cuja proposta consiste em segui-lo em sua infatigável vida itinerante pelos caminhos da Galileia e da Judeia, a partilhar sua expe-

---

2. JOÃO PAULO II, PAPA, *Audiência Geral*, Vaticano, 20 de junho 1979, n. 1, disponível em: https://www.vatican.va/content/john-paul-ii/pt/audiences/1979/documents/hf_jp-ii_aud_19790620.html, acesso em: 02 jun. 2022.
3. CONGREGAÇÃO PARA OS INSTITUTOS DE VIDA CONSAGRADA E AS SOCIEDADES DE VIDA APOSTÓLICA, *Alegrai-vos*, n. 8.

riência de Deus, aprender a reconhecer sua ação e acolhê-la, e, guiados por ele, participarem na tarefa de anunciar a todos a Boa Notícia do Reino.

Jesus chama todos, hoje como ontem! Chama-nos, particularmente como discípulos, a alegrar-nos e engajar-nos com ele nessa aventura do anúncio e da conquista do Reino, e a amar com o seu Coração. Escutar e acolher esse apelo é graça a ser pedida: "A graça de saber amá-lo com todas as forças da nossa alma" (M.g., I, 15). Exige algo que vai além do razoável, como foi para Clélia: deixar-se fascinar e encantar pelas paixões do Coração de Jesus, em primeiro lugar.

> Um amor forte e vigoroso; amor ardente e insaciável que nos faça abraçar com alegria todos os sacrifícios, e nos engaje nos maiores empreendimentos para a glória de Deus e a salvação das almas; um amor inabalável, disposto a dar a vida se necessário, e, ao mesmo tempo, um amor humilde até o aniquilamento total do egoísmo, a fim de que só Deus seja exaltado (cf. M.g., I, 34).

Isso exige, por assim dizer, "certo grau de loucura": entrar na "lógica" do amor – que não tem lógica –, porque o "Coração de Jesus" não é uma devoção piedosa para sentir um pouco de calor interior. "É um Coração apaixonado, ferido de amor, dilacerado por nós na Cruz. Trespassado, doa; morto, nos dá vida."[4] "Não basta 'seguir', pois é possível seguir de longe, como Pedro na Paixão" (cf. Lc 22,54), e depois "desligar-se". É necessário recuperar o desejo de "seguir e imitar", como ele o fez depois da prova. "Não temer a Cruz. Não desanimar, não se perturbar e cair no desalento; não se dobrar nem ceder sob os golpes da

---

4. FRANCISCO, PAPA, *Homilia da Santa Missa na Universidade Católica de Roma*, por ocasião do 60o. Aniversário da inauguração da faculdade de Medicina e Cirurgia, junto ao Hospital Gemelli, Roma, 5 de novembro de 2021, disponível em: https://www.vatican.va/content/francesco/pt/homilies/2021/documents/20211105-omelia-univ-cattolica.html, acesso em: 02 jun. 2022.

desventura. Confiar sempre! Deixar-se conformar ao Mistério de Cristo, para com ele e como ele amar e servir."[5]

Na Carta aos Hebreus 12,1-2, São Paulo exorta a correr com perseverança, mantendo os olhos fixos em Jesus, autor e consumador de nossa fé. Familiarizada com a Palavra de Deus, o olhar de Madre Clélia busca penetrar as profundezas do Coração humano e sensível de Jesus, "delineando-o como o único modelo a ser seguido e imitado". Seus ensinamentos e exortações revelam uma profunda experiência pessoal contemplativa e orante.

Contempla-o pequenino e humilde na manjedoura de Belém, onde a força de Deus se manifesta plenamente na fraqueza e na vulnerabilidade de uma criança. Contempla-o pobre e obediente "em uma pequena aldeia de Nazaré, em uma pobre casa, onde não há nada do que o mundo aprecia", enquanto "crescia em estatura, sabedoria e graça diante de Deus e dos homens" (Lc 2,52). Contempla-o zeloso e amante da vontade do Pai na formação de seus discípulos em meio a provações de toda espécie e no anúncio do Reino. Contempla-o nos muitos encontros com as multidões, na sua compaixão pelos mais fracos e vulneráveis, nas muitas andanças por dias e noites ao relento, nas estradas empoeiradas da Palestina, em mares em borrasca, nas humilhações, desprezos e perseguições de toda espécie... Contempla-o "sobre a Cruz, lívido, desfigurado pelas dores intensas do corpo e do espírito; no seu sangue, o preço pelo qual fomos resgatados", e descobre, no seu lado aberto pela lança, a Fonte da Vida, "o Amor de Deus derramado em nossos corações". Contempla-o na Eucaristia, "obediente ao Sacerdote que o oferece, para deixar-se imolar". Abismada diante de tão eloquentes mistérios, Madre Clélia compreende a dimensão do Amor Divino em toda a sua extensão: o Amor do Coração de Cristo que ultrapassa todo entendimento.

---

5. Cf. MENDIBOURE, *Ler a Bíblia...*, 93.

Todos os fatos em torno de Jesus de Nazaré, seu estilo de vida simples e acessível a todos, atraíam-na, como às multidões que, fascinadas, acorriam a ele porque lhes apresentava uma nova proposta de vida (cf. Mt 8,27). Madre Clélia encanta-se com a mansidão que definia radicalmente o sentir e o agir de Jesus. Encarnação histórica da ternura da Trindade, Jesus "vê com os olhos do Deus Amor"[6]. Acolhe a todos indistintamente, partilhando com eles a sua sorte. Faz-se amigo dos pecadores e come com eles; aproxima-se dos excluídos e "mal-amados" e é a favor dos pobres e dos humildes. Seu estilo de vida e preferências denunciam com firmeza as injustiças e a opressão, devolvendo a vida e a esperança do povo, curando as doenças do corpo e do espírito e perdoando seus pecados![7] Suas atitudes revelam sempre um Coração sedento, um amor forte, intenso e compassivo, por tudo aquilo que é humano: comove-se diante da dor e do sofrimento até às lágrimas, revelando a proximidade como a marca mais típica de Deus, que ama com ternura e entranhada misericórdia! Todos, homens, mulheres e crianças, principalmente os mais fragilizados, sabiam encontrar um lugar especial em seu Coração, "ícone da paixão, da ternura visceral de Deus"[8].

Em toda a sua vida, Madre Clélia sofreu o anseio e o esforço contínuos de ritmar o seu coração ao de Jesus em suas escolhas e preferências, até à heroica imolação de si mesma. Desse olhar contemplativo emergia a sua missão, que também é nossa: testemunhar a caridade do Coração de Cristo. Aquela caridade que nasce entre as paredes da casa e que deve ser a mais brilhante pedra preciosa a brilhar nas obras a ele dedicadas, na vida de cada discípulo, nas suas atitudes e gestos de ternura e

---

6. CONGREGAÇÃO PARA OS INSTITUTOS DE VIDA CONSAGRADA E AS SOCIEDADES DE VIDA APOSTÓLICA, *Contemplai*, n. 34.
7. Cf. ROCHETTA, CARLO, Teologia da Ternura. Um "evangelho" a descobrir, *Encontros Teológicos*, São Paulo, Paulus, n. 39, n. 3 (2004) 141.
8. FRANCISCO, PAPA, *Homilia da Santa Missa...*, 2021.

de misericórdia para com todos, indistintamente (cf. M.g., II, 115-116). "Aquela caridade que, no seu sacrifício, abraça amigos e inimigos, benfeitores e perseguidores; também os que nos odeiam, que nos ofendem com suas palavras ou procedimentos; porque todos são filhos de Deus, e Deus não quer que se odeie nenhum de seus filhos" (M.g., I, 22-23). "Essa experiência para cada discípulo e devoto do Coração de Jesus, também hoje, é o fogo ardente da sua presença ativa que o impele à missão; fogo do divino amor que não pode permanecer oculto e inativo, mas rapidamente se manifesta com a chama viva de um santo zelo" (cf. M.g., I, 85).

No Coração de Jesus encontramos as respostas para as inúmeras inquietações do mundo e do nosso próprio coração, em um processo gradativo do "ser testemunha do Amor". Vivendo *com* e *para* o Senhor – conforme ensina Madre Clélia –, será ele mesmo, em qualquer ocasião, o nosso apoio, a nossa defesa e o nosso conforto (cf. M.g., II, 7); porém, profunda e existencial é a pergunta que ele nos faz: "Quem, dizem os homens, que eu sou?". "Hoje as pessoas precisam certamente de palavras, mas sobretudo têm necessidade de que testemunhemos a misericórdia, a ternura do Senhor, que aquece o coração, desperta a esperança e atrai para o bem."[9] "Como os Apóstolos que viram, ouviram e tocaram a salvação de Jesus (cf. 1Jo 1–4), também somos chamados a tocar a sua carne sofredora e gloriosa na história de cada dia e encontrar a coragem para partilhar com todos um destino de esperança."[10]

---

9. FRANCISCO, PAPA, *A evangelização se faz de joelhos*, Homilia na Santa Missa com os seminaristas, os noviços e noviças, Roma, 7 de julho de 2013, n. 1, disponível em: https://www.vatican.va/content/francesco/pt/homilies/2013/documents/papa-francesco_20130707_omelia-seminaristi-novizie.html, acesso em: 02 jun. 2022.
10. FRANCISCO, PAPA, *Mensagem de Sua Santidade o Papa Francisco pelo Dia Mundial das Missões*, Roma, 6 de janeiro de 2021, disponível em: https://www.vatican.va/content/francesco/pt/messages/missions/documents/20230106-giornata-missionaria.html, acesso em: 02 jun. 2022.

2ª Etapa: Discipulado

Entrar no Coração para aprender a amar

"A história da evangelização tem início com uma busca apaixonada do Senhor, que chama e quer estabelecer com cada pessoa, onde quer que esteja, um diálogo de amizade" (cf. Jo 15,12-17)[11]. Motivados pelo testemunho de João Batista, alguns de seus discípulos puseram-se a seguir Jesus. Percebendo isso, Jesus lhes pergunta: "O que procurais?". E eles respondem: "Mestre, onde moras?". "Vinde e vede", disse Jesus. "Foram onde ele morava e ficaram com ele todo aquele dia" (cf. Jo 1,15-39). Um encontro marcante e decisivo do qual os Apóstolos lembram até a hora do dia: "Eram as quatro horas da tarde" (Jo 1,39).

Nos evangelhos, vemos que Jesus ia de um lugar a outro e "não tinha onde reclinar a cabeça" (Mt 8,20). "Vê-lo curar os doentes, comer com os pecadores, alimentar os famintos, aproximar-se dos excluídos [...] ensinar de maneira nova e cheia de autoridade, deixa uma marca indelével capaz de suscitar admiração e uma alegria expansiva e gratuita que não se pode conter."[12] Está claro que o seguimento de Jesus é algo dinâmico. "Ficar" com Jesus não é estabilidade nem intimismo; é segui-lo nessas suadas e infatigáveis andanças. "O amor está sempre em movimento; põe-nos em movimento para partilhar o anúncio mais belo e promissor: 'Encontramos o Senhor!'"[13] O discipulado acontece, portanto, no "caminho". Dá-se "vendo", "entrando" no Coração, onde ele "mora". É Jesus mesmo quem o menciona, de modo explícito, como o "lugar", o porquê e o "como" do discipulado, do tornar-se discípulo do Amor: manso e humilde de coração (cf. Mt 11,25-30).

---

11. Ibid.
12. Ibid.
13. Ibid.

Muitos estavam presentes quando o Santo Precursor deu a conhecer publicamente o Messias, mas dois somente, André e João, foram os primeiros a corresponder fielmente à inspiração da graça, que os convidou a seguir o divino Mestre...

Também a nós alguma vez Jesus se mostra como de passagem por meio de uma moção interior, de um impulso, de uma inspiração, de um desejo, de um certo gosto pela virtude, que nos ilumina a mente e nos move o coração (M.g., I, 83).

Encontrar Jesus! É a condição primeira para segui-lo e torná-lo conhecido e amado; porém, não se torna discípulo no verdadeiro espírito de seus seguidores de um dia para outro. "Jesus não os formou no meio das doçuras e comodidades, mas entre as humilhações, desprezos e perseguições de toda espécie" (M.g., II, 1). "A alma é semelhante à terra – diz Madre Clélia –, tem necessidade de ser trabalhada para tornar-se fecunda [...] uma união quase contínua entre ti e Ele, te é necessária" (M.g., II, 121).

Trata-se, portanto, de um processo contínuo, progressivo e perseverante que "exige força de vontade e coragem maior que expor a vida num campo de batalha"! (M.g, II, 104). Daí que não pode haver seguimento sem o discipulado à luz do mistério de Cristo, que disse: "Quem permanece em mim, e eu nele, esse dá muito fruto; porque, sem mim, nada podeis fazer" (Jo 15,5).

Tomar consciência dessa iniciativa divina, sentir-se pessoalmente chamado ao discipulado, é algo fascinante. Deixar-se seduzir por Jesus, por meio de um relacionamento pessoal e afetivo, torna impossível recusar o convite. "É suficiente conhecê-lo e experimentá-lo um só momento para desprender o coração de tudo e preferi-lo a tudo" (M.g., I, 86-87). Dá-se início a uma relação "Mestre-discípulo", que lhe possibilita encontrar-se e relacionar-se com Jesus de um modo impensável até então. Uma relação de amor real, transformadora, apaixonada e apaixonante, porque "o Senhor não se deixa vencer em generosidade" (M.g.,

II, 7). É esse encontro pessoal com Jesus que dá um horizonte novo ao discípulo, marcando-lhe um "antes" e um "depois" na trajetória de sua vida. Confere-lhe uma orientação decisiva.

Ao dizer: "Aprendei de mim que sou de Coração humilde e manso", Jesus se apresenta também como "Mestre". Convida a multidão dos *anawim* – dos "pobres do Senhor", dos "sofredores e humildes da terra" (cf. Sf 2,2) – a colocar nele toda a sua confiança, como ele confia no Pai. Convida o discípulo a "entrar" na "escola" de seu Coração e "aprender" dele, que se fez, também, *anawim*, por ser manso e humilde. E o requisito não é outro senão colocar-se no número dos "prediletos" de seu Coração. Sentir-se necessitado, pobre, pecador; deixar-se ensinar. Entrar na fileira dos "sofredores sob o peso da vida".

"Quanto é terno o amor de Deus para com a pessoa humilde!", exclama Madre Clélia (M.g., I, 138). A humildade não é fim em si mesma, mas está destinada a criar espaço para o amor; não é meta, mas estrada que conduz ao Amor[14]. Para Jesus, somos todos os "oprimidos" e "escravos" sob o peso do pecado e da morte. Por isso, a todos quer fazer chegar seu amor misericordioso. "Ninguém é estranho, ninguém pode sentir-se estranho ou afastado desse amor de compaixão", afirma também o Papa Francisco. Unido ao Pai, que lhe "deu todas as coisas", Jesus tem respostas para todas as indagações humanas. Assim os publicanos e pecadores o veem, escutam e o seguem[15].

Por meio de palavras simples, de parábolas, provérbios e imagens singelas da vida comum de seus conterrâneos, Jesus expunha os "mistérios do Reino" a qualquer um que fosse capaz de escutar. Inclusive mulheres e crianças, fato incomum na sua época. As multidões, impressionadas com a autoridade de seu

---

14. TERRINONI, UBALDO, *A humilde Madre Clélia*, Cadernos de Espiritualidade das Apóstolas do Sagrado Coração de Jesus, n. 1 (1982) 31.
15. Cf. TESSAROLO, *Theologia Cordis*, 57-59.

ensinamento, juntavam-se ao seu redor. Independentemente das motivações desses muitos "seguidores", segundo o seu costume, ele as instruía (cf. Mt 3,5; Mc 1,5; Mt 7,28-29). Desafiava a tomada de decisões em resposta a seus ensinamentos, mas não a impunha; esta é sempre pessoal e livre.

João nos diz que muitos de seus discípulos o abandonaram e não mais o seguiam, por acharem "muito duro e inadmissível o seu discurso". Mas Jesus não o minimiza para trazê-los de volta. Pelo contrário, pergunta aos que ficam se também querem ir embora (cf. Jo 6,60.65-66); porém, depois de falar ao povo em parábolas, em particular Jesus explicava e esclarecia tudo aos seus discípulos (cf. Mc 4,34). Acontece assim com aqueles que, "atraídos pelo Pai", livremente acolhem o convite de Jesus e fazem morada no seu Coração: são por ele instruídos.

Em Mateus 11,25-26, Jesus bendiz o Pai – a quem louva e reconhece como "Senhor do céu e da terra" – por esconder os mistérios do Reino aos sábios e inteligentes e os revelar aos pequeninos. "Sim, ó Pai, eu te bendigo, porque assim foi do teu agrado". É um daqueles momentos marcantes na experiência dos discípulos. Eles contemplam Jesus exultante, "cheio de alegria no Espírito Santo", extremamente consolado nessa consciência de sua relação com o Pai, a quem revela como o Deus da alegria, da ternura e da festa (cf. Lc 15). Sente-se Filho, identificado e confirmado com a vontade do Pai na orientação de sua vida. Deus é o seu *Abba*!

É como Filho que Jesus entra no mundo, e é como Filho que ele dá início ao anúncio do Reino. Inspira-se e se identifica com o modo de agir do Pai na história da Salvação: revelando-se e doando-se, preferencialmente, aos pequenos, aos pobres e aos marginalizados. Jesus exulta e, ao mesmo tempo, adere a esse plano do Pai e o faz seu. Sente o Coração profundamente afetado pela sua misericórdia e, fiel à sua missão de revelar o mistério do Amor divino em sua plenitude (MV, n. 9), vai defender essa prática associando-se aos publicanos, aos pobres e pecadores (cf. Mc 2,17).

De fato, Jesus é original na sua maneira de se dirigir a Deus e de manifestar seus sentimentos em relação a ele. Nos Evangelhos, a palavra "Pai", referindo-se a Deus, é encontrada 170 vezes, sempre nos lábios de Jesus. "Essa relação Filho-Pai preencheu o Coração de Jesus. Foi seu segredo e sua alegria. Uma relação contínua; uma atitude básica que determinou e marcou toda a sua conduta."[16] Os discípulos viam-no. Tanto que sentiram o desejo de aprender esse segredo que o animava (cf. Lc 11,1).

Em João, é frequente ver Jesus em diálogo com o Pai, sobretudo em momentos decisivos. Presente, certamente, nas margens do Jordão, testemunhou a experiência fundante de Jesus no seu batismo. Os céus se abrem, o Espírito Santo pousa sobre Jesus, e o Pai o revela como o Filho muito amado em quem se compraz (cf. Mt 3,17). Por isso, mais tarde, João vai dizer: "O Pai ama o Filho e confiou-lhe todas as coisas" (Jo 3,35).

Para os discípulos, de ontem e de hoje, essa experiência do Coração filial de Jesus constitui a mais importante "lição" do discipulado. Uma nova maneira de relacionar-se com Deus – filhos no Filho. E, a segunda, vem por consequência: sua paixão pelo Reino: ser irmão. O rosto de Deus que ele revela é o de um Pai para os pobres e próximo dos pobres... na sua tribulação e indigência, nas condições por vezes desumanas em que são obrigados a viver[17]. "A relação de Jesus com os seus discípulos, a sua humanidade que nos é recordada no Mistério da Encarnação, no seu Evangelho e na sua Páscoa, mostram-nos até que ponto Deus ama a nossa humanidade e assume as nossas alegrias e

---

16. Cf. BOVENMARS, *Espiritualidade do Coração...*, 83.
17. FRANCISCO, PAPA, *Mensagem para o V Dia Mundial dos Pobres*, Roma, 13 de junho de 2021, disponível em: https://www.vatican.va/content/francesco/pt/messages/poveri/documents/20210613-messaggio-v-giornatamondiale-poveri-2021.html, acesso em: 02 jun. 2022.

sofrimentos, os nossos anseios e angústias."[18] "Do Coração da Trindade, do íntimo mais profundo do mistério de Deus, brota e flui incessantemente a grande torrente da misericórdia. Essa Fonte nunca poderá esgotar-se, por maior que seja o número dos que a ela recorrem" (MV, n. 25).

Na vida do discípulo, portanto, o fascínio por Jesus acontece por meio da experiência pessoal; na "convivência" e intimidade com ele na oração, na Palavra, na Eucaristia, nas várias formas de encontro e de serviço aos irmãos, sobretudo aos mais pobres e fragilizados, na conivência fraterna, nas simples atividades do cotidiano, no lazer, no descanso e, como foi para Madre Clélia, também nos sofrimentos, nas vicissitudes, dissabores e contrariedades da vida.

Tudo isso, vivido à luz do mistério do Coração de Cristo, conduzirá o discípulo a uma crescente comunhão e identificação com ele. Não se trata de uma relação apenas intelectual, mas uma relação que passa necessariamente pela configuração com Cristo também na sua paixão. O coração é maturado naquela capacidade de ir a ponto de sofrer por aquilo e aqueles que se ama, como ele o fez. É esse o caminho da sequela ao estilo de Jesus[19], "uma vez que o Amor transforma o amante na pessoa amada" (cf. M.g., I, 79).

3ª Etapa: Consagração

Entrar no Coração para "morar" no Amor

No centro da "Oração Sacerdotal" de Jesus em favor de seus discípulos, e "por todos os que hão de crer através deles", encontra-se o pedido de consagração: "Pai, eles não são do mundo, como eu não sou do mundo. Consagra-os na verdade.

---

18. FRANCISCO, *Mensagem de Sua Santidade o Papa Francisco...*, 6 de janeiro de 2021.
19. Cf. MENDONÇA, JOSÉ TOLENTINO, *Elogio da sede*, São Paulo, Paulinas, 2018, 65.

A tua Palavra é verdade. Como tu me enviaste, também eu os enviei para o mundo. Por eles consagro-me a mim mesmo, a fim de que também eles sejam consagrados na verdade" (cf. Jo 17).

Só Deus é propriamente "Consagrado", ou "Santo". Portanto, consagrar quer dizer transferir uma realidade – uma pessoa ou coisa – para a propriedade de Deus. E nisso estão presentes dois aspectos complementares: por um lado, separar das coisas comuns, segregar, "pôr de lado" para ser doado totalmente a Deus; e, por outro, essa segregação, essa transferência para a esfera de Deus, tem o significado próprio de "envio", de missão. Precisamente porque é doada a Deus, a realidade, a pessoa consagrada existe "para" os outros. Para os discípulos, consistirá em continuar a missão de Jesus; doados a Deus para estarem, assim, em missão para todos. Em síntese, consagrar-se significa: ser de Deus, não ser de si mesmo, ser para os outros.

Entre as formas de culto ao Coração de Jesus, a Consagração ocupa um lugar especial; é a melhor resposta de amor. "É o ato supremo de dedicação e de amor que nos une para sempre a Jesus. Trata-se de uma união que envolve o coração, a mente e toda a pessoa. Penetradas e embebidas por seu amor, todas as potências físicas tendem a realizar a união com ele de modo sempre mais íntimo e pleno."[20] Pela consagração, oferecemos a Jesus o que somos e temos; tudo pertence a ele. Consagrar-se é doar-se incondicionalmente, sem exigir nada para si. Significa esquecer-se, renunciar-se a si mesmo, entregar-se ao Amor e perder-se nele. E, para Madre Clélia, a dimensão dessa consagração é amar sem medida. Em tudo, empenhar-se em louvar, amar e servir ao seu Senhor.

Contudo, a consagração não é uma iniciativa pessoal. É, antes de tudo, uma resposta consciente e livre a um chamado, a uma escolha de Jesus:

---

20. Cf. TERRINONI, UBALDO, O Sagrado Coração na Espiritualidade das Apóstolas, *Cadernos de Espiritualidade das Apóstolas do Sagrado Coração de Jesus*, n. 1 (1982) 45.

Não fostes vós que me escolhestes, mas eu vos escolhi e vos constituí para que vades e produzais fruto. Permanecei em mim e eu permanecerei em vós, porque sem mim, nada podeis fazer (cf. Jo 15,4-9). Consequentemente, o discípulo que consagra toda a sua vida ao Sagrado Coração não vive mais só, não pertence mais exclusivamente a si mesmo, mas vive, momento por momento, *no* e *com* o Sagrado Coração, tornando-se "sua propriedade"[21].

Em João, é muito frequente, e até abundante, o uso do verbo "permanecer". Das 118 vezes em que esse verbo ocorre no Novo Testamento, 64 se encontram em seus escritos (40 vezes no Evangelho e 24 nas epístolas)[22]. Palavra com sentido muito denso, como muitos outros termos empregados por João, significa também "morar". Exprime, antes de tudo, o relacionamento íntimo de Jesus com o Pai e da maneira mais intensa possível: "Eu estou no Pai, e o Pai está em mim" (Jo 14,10); "Quem me vê, vê o Pai; eu e o Pai somos um" (Jo 10,30). Essa mesma comunhão de vida, Jesus deseja estabelecer com o discípulo, de tal modo a expandir-se entre os "seus", pois nisso o Pai é glorificado (cf. Jo 15). Tratando-se de um relacionamento pedagógico "Mestre-discípulo", não basta um encontro momentâneo e esporádico. O discipulado acontece de forma presencial! Do discípulo exige-se "permanecer", "morar" *no* e *com* o Mestre[23].

"Permanecer em Cristo permite que colhamos a presença do Mistério que nos habita e dilata o coração segundo a medida do seu Coração de Filho."[24] "Assumir o seu estilo de vida, adotar as suas atitudes interiores, deixar-se invadir pelo seu espírito, assimilar a sua lógica surpreendente e a sua escala de valores, par-

---

21. Ibid., 46.
22. Cf. BROWN, *Dicionário Internacional de Teologia do Novo Testamento*, São Paulo, Vida Nova, 1983, v. III, 532.
23. Cf. TERRINONI, *O Sagrado Coração...*, 41.
24. CONGREGAÇÃO PARA OS INSTITUTOS DE VIDA CONSAGRADA E AS SOCIEDADES DE VIDA APOSTÓLICA, *Alegrai-vos*, n. 5.

tilhar os seus riscos e as suas esperanças"[25], supõe uma vivência prolongada no amor para saboreá-lo, assimilá-lo e para deixar-se transformar. Supõe um conhecimento experiencial. Ouvir, contemplar – a partir do seu Coração – os seus gestos, sinais e atitudes, o *"como"* e o *"porquê"* os faz, leva o discípulo a percorrer um itinerário sempre mais envolvente. Leva-o a "deixar tudo" para estar *"com"* Jesus. Antes, deseja, pede e quer *estar* e *ser como* ele para, *com* ele, lançar-se na conquista do Reino.

O discipulado constitui essa experiência transformadora que envolve o discípulo no destino de Jesus, conhecendo-o vivencialmente. "O caminho da santidade faz a natureza estremecer e gemer", diz Madre Clélia (M.g., I, 20). Evidentemente, como discípulo segue por um caminho que se opõe aos critérios e contra valores do mundo. E isso tem consequências. "Jugo suave e peso leve" (cf. Mt 11,29-30) que acolhe confiante, e ao mesmo tempo perplexo, por experimentar-se, assim, "discípulo amado", tão gratuitamente unido ao seu Mestre. Haverá, sem dúvida, momentos de consolação, de gozo e quietude, de luz e de paz interior, como também momentos de aridez, de escuridão, de expectativas e de tempestades interiores. São purificações inevitáveis quando alguém se dispõe realmente a seguir Jesus e imitá-lo. Pela ação do Espírito Santo somos configurados com Cristo em meio a riscos e sofrimentos, alegrias e consolações (cf. Fl 3,8-14).

O amor que Jesus exprime e ensina, e a amizade que ele oferece a quem aceita "entrar" em seu Coração, exigem do discípulo conjugar com a própria vida o verbo *permanecer*. Isso supõe o empenho de sempre "acreditar no Amor", ou seja, abandonar-se, deixar-se envolver e penetrar em todas as dimensões, físicas e espirituais, pela realidade do Amor[26]. Deixar-se consagrar ao Amor. Entregar-se! "Assim como o Pai que me enviou

---
25. Ibid.
26. Cf. TERRINONI, *O Sagrado Coração de Jesus...*, 42.

vive, e eu vivo pelo Pai, assim também quem come de mim, viverá por mim", disse Jesus (Jo 6,57).

Estabelece-se, então, uma comunhão afetiva e efetiva em que Jesus passa a ser o único referencial na vida do discípulo. Tudo converge para ele. Identifica-se com Jesus, de tal modo a "desaparecer-se" nele. "Significa cumprir continuamente um êxodo de si mesmo para centrar a própria existência em Cristo e no seu Evangelho, na vontade de Deus, despojando-se dos próprios projetos para poder dizer com São Paulo: 'Já não sou eu que vivo, mas é Cristo que vive em mim' (Gl 2,20)."[27]

A consagração, porém, é sempre susceptível de aprofundamento e de experiência mais intensa. É dinâmica. À medida que o discípulo vai descobrindo no tempo as razões profundas de sua consagração, crescerá nele o desejo de intensificar a intimidade com o Mestre e de corresponder de modo sempre mais perfeito às exigências do seu Sagrado Coração[28]. O testemunho de Madre Clélia, que aprendeu a deixar-se conduzir pelo Amor por caminhos que não são os dos homens, perdendo progressivamente o apoio e as seguranças humanas, deve servir de inspiração e estímulo para todo discípulo que, fiel ao seu chamado, se dispõe à "sequela", aceitando deixar tudo para abandonar-se unicamente no Coração de Jesus[29], e "fazer da própria existência uma peregrinação de transformação no amor"[30].

---

27. FRANCISCO, PAPA, Discurso às Religiosas participantes da Assembleia Plenária da União Internacional das Superioras-Gerais, Roma, 8 de maio de 2013, disponível em: https://www.vatican.va/content/francesco/pt/speeches/2013/may/documents/papa-francesco_20130508_uisg.html, acesso em: 02 jan. 2022.
28. TERRINONI, O Sagrado Coração de Jesus..., 48.
29. Cf. id., A humilde Madre Clélia..., 34.
30. FRANCISCO, PAPA. Mensagem ao Prior-Geral dos Irmãos da Bem-Aventurada Virgem Maria do Monte Carmelo por ocasião do Capítulo Geral, Roma, 22 de agosto de 2013, disponível em: https://www.vatican.va/content/francesco/pt/messages/pont-messages/2013/documents/papa-francesco_20130822_ordine-carmelitano.html#:~:text=Queridos%20irm%C3%A3os%20do%20Carmelo%2C%200,Para%20isto%20fostes%20chamados, acesso em: 02 jan. 2022.

4ª ETAPA: CONFIGURAÇÃO

"ENTRAR" NO CORAÇÃO PARA VIVER O AMOR

O Apóstolo São Paulo expressa em poucas palavras a sua "consigna" espiritual: "Para mim, o viver é Cristo" (cf. Fl 1,21). E para significar a realidade de "uma vida em Cristo", cria vocábulos novos. Acrescenta a preposição "com". Para ele, quem vive em Jesus é "co-morto", "co-sepultado", "co-ressuscitado", "co-glorificado" com Cristo (cf. Rm 6). Assim configurada a própria vida, e de tal modo imersa no Coração de Jesus, em cada discípulo o amor torna-se comunicação mútua, "zelo ativo, insaciável, suave, prudente". Já não pode prescindir dele e nada pode fazer sem ele. E, profundamente grato, corresponde ao Amor com amor, porque "o amor consiste mais em obras do que em palavras" (EE, n. 230): "Não inflama o coração sem mostrar-se externamente nas ações" (cf. M.g., I, 99-100). Não é um luxo só para gozar, mas comporta, também, um preço a ser pago. Mediante um relacionamento sempre mais sincero e profundo, insere-se na dinâmica do amor entre Jesus e o Pai, pelo Espírito Santo, em uma união amorosa de vontades. Comunhão essa que se torna fecunda e operante "nos trabalhos" e na entrega da vida, também por amor.

Daí que, "encarnando-se", o amor como a misericórdia, torna-se *reparação*, ou seja, como fruto genuíno do amor e sua companheira inseparável, a *reparação*, é o "amor encarnado": o amor em atos. Do ponto de vista pessoal consiste, primeiramente, em uma vida "eucarística" – feita "memória agradecida de tantos dons recebidos de Deus por Jesus Cristo" (EE, n. 230-237). E, ao mesmo tempo, em uma "insatisfação" constante consigo mesmo, em uma "santa inquietude", que leva a lançar-se sempre mais, a "esquecer o bem realizado e atirar-se com generosidade para a meta ainda não alcançada" (M.g., I, 4). Relativização progressiva e contínua de tudo, em vista da sublimidade do conhecimento de Cristo, meta sempre por alcançar (cf. Fl 3,7-14).

Reparar é, antes de tudo, um dever de justiça e provém da necessidade de reconstruir o Projeto original de Deus, destruído pelo pecado. Fruto da ação do Espírito Santo em nós, não consiste tanto em uma série de "exercícios de devoção", mas, antes, em uma "moção espiritual": a consciência de um Deus crucificado, e crucificado por nós em um ato supremo de amor. Foi Deus quem nos reconciliou consigo por meio de Cristo (2Cor 5,18). Porque aprouve-lhe fazer habitar nele toda a plenitude e, por seu intermédio, reconciliar consigo todas as criaturas, ao preço do próprio sangue derramado na cruz. Assim, pelos sofrimentos e tribulações suportados, completamos em nossa carne o que falta à sua paixão (cf. Cl 1,19-20.24). Jesus é, por excelência, a vítima de reparação ao Pai, mas quer a nossa participação, porque nos ama. "O peso da cruz é proporcionado à nobreza dos nossos ideais" (M.g., II, 84).

"A salvação de Deus não é só uma promessa para o Além, mas cresce já agora dentro da nossa história ferida, abre caminho por entre as opressões e injustiças do mundo."[31] Um projeto de amor que não só incita a evitar o pecado (reparação negativa), mas também impele a amar mais intensamente o Divino Coração para compensar o amor que lhe é negado pela humanidade (reparação afetiva). Por essa razão, a *reparação* é também fecunda, ativa, dinâmica, eucarística e missionária. Consiste em um amor ardente ao Coração de Jesus e fiel imitação de suas virtudes; um amor concreto. Um amor que, segundo Karl Rahner, extrai as suas forças da contemplação libertadora de Jesus Crucificado e Ressuscitado. Tal experiência leva o discípulo a "sentir a dor do Reino", como comunhão e participação na *reparação* de Cristo, o Sumo Sacerdote, o Redentor, o Servo, em sua entrega contínua ao Pai pela humanidade. "Mistério imenso percebido de modo vago na oração, celebrado na liturgia e, na vida cotidiana, vivido."[32]

---
31. FRANCISCO, *Mensagem para o V Dia Mundial dos Pobres*, 13 de junho de 2021.
32. Cf. BOVENMARS, *Espiritualidade do Coração...*, 122.

Herança espiritual tão marcante na vida da Igreja e na espiritualidade de Madre Clélia, hoje mais do que nunca, essa "reparação" se faz necessária na vivência e missão do discípulo. "É a sede do outro que o faz chorar." Nunca o ser humano foi tão longe em suas mais abrangentes explorações e conquistas! A cada dia, são sempre mais exaltados e propalados os "milagres" da ciência e da tecnologia em todos os setores. No entanto, paradoxalmente, a humanidade, distanciando-se do Projeto original de Deus, parece estar cada vez mais doente, envelhecida, ferida e confusa. O mundo parece fragmentar-se por intermináveis guerras e por toda sorte de violência, ambição desmedida, destruição e morte! "Apresenta-se, ao mesmo tempo, poderoso e débil, capaz do melhor e do pior [...]. E ao ser humano compete dirigir as forças que suscitou, e que tanto o podem esmagar como servir" (GS, n. 9). Vê-se, ao contrário, a olhos nus, que esse "serviço" atinge apenas uma minoria.

Consequentemente, de forma esmagadora, a paixão de Cristo se prolonga na história. Por toda parte multiplicam-se os *anawin*; um número cada vez maior de pobres e sofredores! A "improvável Galileia" torna-se, contudo, também hoje, o lugar preferencial do anúncio do Reino. As palavras e ações de Jesus, seguidas ali, pedem para ser lidas como manifestação da presença compassiva de Deus nas periferias atuais[33]. "Na verdade, as periferias não são apenas lugares físicos, são também pontos internos da nossa existência, são lugares da alma humana."[34]

Inserido nessa dinâmica de Amor, e "reconhecendo os laços com que o Pai nos uniu a todos os seres" (LS, n. 220), o discípulo, a discípula, abre-se a uma ressonância sempre mais universal. Não pode ficar indiferente diante dos males que ferem a

---
33. Cf. MENDONÇA, *Elogio da sede*, 130-131.
34. Ibid., 139.

humanidade, diante de uma realidade tão contrária ao projeto do Pai – cuja glória é o homem vivo. É nessa realidade, nos marginalizados do Reino e na vida de cada ser humano a reparar, a reconstruir e a consolar, que Apóstolos e discípulos devotos contemplam, hoje, o Coração de Jesus. Contemplam-no, como na cruz, ferido, esquecido e rejeitado, carente de amor e de consolação. Buscam "descobrir Cristo neles – como recomenda o Papa Francisco – não só a emprestar-lhes a voz nas suas causas, mas também ser seus amigos, escutá-los, compreendê-los e acolher a misteriosa sabedoria que Deus lhe quer comunicar através deles"[35]. "Tudo em Cristo nos lembra que o mundo em que vivemos e a sua necessidade de redenção não lhe são estranhos, e também nos chama a sentirmo-nos parte ativa dessa missão: 'Ide às saídas dos caminhos e convidai todos quantos encontrardes' (cf. Mt 22,9)."[36]

Identificados com o espírito reparador de Cristo, arraigados e alicerçados no amor (cf. Ef 3,17), discípulos e discípulas sentem-se impelidos a se deixar conduzir pelo "milagre do Amor", com "cuidado generoso e cheio de ternura" (LS, n. 220). Muitas vezes "uma pequena palavra bem pronunciada pode derramar bálsamo nas feridas e espalhar o perfume da consolação; com uma presença simples e fraterna, com pequenos gestos, pode-se narrar a misericórdia de Deus"[37].

Viver a "mística do Coração", a partir do olhar da Bem-aventurada Clélia Merloni, é aventurar-se no cultivo dos sentimentos do Coração de Jesus e justificar nele o próprio compromisso com a reconstrução do Projeto do Pai na História da Humanidade. "Esse é o caminho do discípulo e da discípula, peregrinos em busca do Deus verdadeiro que, em Jesus, se fez Coração. É a

---

35. Cf. FRANCISCO, PAPA. *Mensagem para o V Dia Mundial dos Pobres*, 13 de junho de 2021.
36. FRANCISCO, *Mensagem de Sua Santidade...*, 6 de janeiro de 2021.
37. Cf. MENDONÇA, *Elogio da sede*, 139.

história de toda pessoa contemplativa que permanece vigilante, enquanto acolhe em si mesma a *Sequela Christi* como configuração a Cristo"[38].

> Aquele que iniciou em vós esta obra excelente lhe dará o acabamento até o dia de Jesus Cristo [...]. Em Cristo, ele nos escolheu e predestinou para servirmos à celebração de Sua glória (cf. Ef 1,6.11).

---

38. Congregação para os Institutos de Vida Consagrada e as Sociedades de Vida Apostólica, *Contemplai*, n. 66.

Conclusão

Peregrinos do Absoluto, como todo ser humano experimentamos uma exigência fundamental: saber quem somos chamadas a ser. Recebemos a vida como um dom, e esta constitui um caminho, cujo começo e fim desconhecemos. Somente Deus, que a deu e que colocou nela um traço de si mesmo, pode manifestar-nos o sentido e o lugar preciso a ocuparmos. Isso revela que cada ser humano é essencialmente "um peregrino", um caminhante. Não recebemos a existência pronta "e ainda não se manifestou o que havemos de ser" (cf. 1Jo 3,2).

Em Deus – que primeiro se fez peregrino em direção a nós, por meio de Jesus Cristo –, encontramos a nós mesmos: o nosso "ser" e o nosso "vir a ser". Muito além de nossas limitações e condicionamentos, no centro de nós mesmos, não apenas fora, é que está o "lugar" de nossa experiência de encontro com o Coração de Jesus. É do mais profundo do nosso coração que surge essa fome e sede interior, essa aspiração insaciável que nos põe sempre a caminho, em direção à Fonte, e nos converte em peregrinos do Absoluto como discípulos do Amor.

O testemunho dos Apóstolos e das primeiras comunidades cristãs, a partir dos relatos das experiências pré e pós-pascais, tornou-nos possível o acesso ao Coração do Homem chamado Jesus Cristo. A experiência desses mesmos acontecimentos, iluminados pela Páscoa, transformou a vida de Madre Clélia e de tantos outros discípulos e discípulas dessa "escola de Amor", e deve continuar iluminando e transformando também a nossa vida: por meio da espiritualidade do Coração de Jesus, "do jeito de ver e ser" da Bem-Aventurada Clélia Merloni, tornar-nos testemunhas do grande amor com que Deus nos amou ao dar-nos o seu Filho muito amado. Contemplando esse mistério, penetramos tímida, mas profundamente, no próprio Coração de Deus.

"A Mística do Coração" é o ponto de chegada, mas não o fim último do caminho dos Apóstolos, dos discípulos e das discípulas do Coração de Jesus, enquanto peregrinos e peregrinas do Absoluto. A mística verdadeira não está alheia ao mundo; ela mergulha no cotidiano ordinário e o transfigura, porque o cerne do amor é o serviço[1]. Todo encontro verdadeiro com o Coração de Jesus converte, transforma, modifica o sentido da vida e de suas práticas concretas. Na medida de nossa resposta, o Espírito Santo nos conduzirá pelo caminho do conhecimento à fecundidade espiritual, à plena maturidade em Cristo. O horizonte de chegada desse caminho é marcado pelo ritmo do Espírito; não é uma terra conhecida. É caminho de fé no seguimento e na imitação do Coração de Jesus, sendo ele mesmo "um Caminho a percorrer, uma Verdade a possuir, uma Vida por conquistar"[2].

Cabe a cada um de nós atualizar e prolongar no tempo a inestimável herança recebida nessa "escola" como "discípulo amado", não só de nome, mas no verdadeiro espírito dos Apóstolos e discípulos de ontem, ou seja: "Ver com os olhos de Madre Clélia e amar com o Coração de Cristo". A experiência pessoal do amor do Coração de Jesus é fundamental e intransferível. A cada um é dada a graça de acolher as "revelações" que, hoje, ele quer nos fazer, e ao nosso mundo, por nós. Enquanto peregrinamos, somos chamados a acolher o hoje de Deus e as suas novidades; a

---

1. Cf. LIMA, MARCOS DE, *Jesus: nossa mística*, São Paulo, Loyola, 2007, 27.35.
2. GRIESE, *A oração do coração*, 26.

prosseguir, levando no coração as expectativas do mundo, sem nos deixarmos condicionar por aquilo que deixamos para trás.

Quais sentinelas que mantêm vivo no mundo o desejo de Deus e o despertam no coração de tantas pessoas com sede de infinito[3], testemunhar com a vida: "É Cristo que vive em mim. A vida que agora vivo no corpo, vivo-a pela fé no Filho de Deus, que me amou e entregou-se a si mesmo por mim" (Gl 2,20).

Não podemos deixar de dizer o que *vimos* e *ouvimos* (At 4,20).

---

3. CONGREGAÇÃO PARA OS INSTITUTOS DE VIDA CONSAGRADA E AS SOCIEDADES DE VIDA APOSTÓLICA, *Perscrutai. Aos consagrados e às consagradas a caminho nos sinais de Deus*, São Paulo, Paulinas, 2014, n. 46-49.

Referências bibliográficas

BENTO XVI, Papa. *Mensagem para a XXVIII Jornada Mundial da Juventude*, 2013. Disponível em: https://www.vatican.va/content/benedict-xvi/pt/messages/youth/documents/hf_ben-xvi_mes_20121018_youth.html#:~:text=Queridos%20jovens%2C%20não%20tenhais%20medo,5. Acesso em: 02 jan. 2022.

BOVENMARS, John. *A Biblical Spirituality of the Heart*. New York: Alba Heart, 1991.

BROWN, Colin. *Dicionário Internacional de Teologia do Novo Testamento*. São Paulo: Vida Nova, 1983.

CABARRUS, Carlos Rafael. *A pedagogia do discernimento. A ousadia de "deixar-se levar"*. São Paulo: Loyola, 1991.

CARDOSO, Armando Eugênio. *Evolução histórica da espiritualidade do Sagrado Coração nos ensinamentos da Igreja*. São Paulo: Loyola, 1989. (Coleção: Um Coração Novo para um Mundo Novo. Conferências do I Congresso Nacional de Espiritualidade do Coração de Jesus 9).

CÁSTANO, Luiz. *O espírito de Madre Clélia Merloni, fundadora das Apóstolas do Sagrado Coração de Jesus. Três Conferências*. Roma, 1967.

_____. *Palavras da Madre. Ensinamentos e exortações de Clélia Merloni, fundadora das Apóstolas do Sagrado Coração de Jesus*. São Paulo: [s.n.], 1970.

CENCINI, Amedeo. *Amarás o Senhor teu Deus. Psicologia do Encontro com Deus*. São Paulo: Paulinas, ²2004.

COMPÊNDIO DO VATICANO II. *Constituições, decretos, declarações*. Petrópolis: Vozes, ²1968.

CONGREGAÇÃO PARA OS INSTITUTOS DE VIDA CONSAGRADA E AS SOCIEDADES DE VIDA APOSTÓLICA. *Alegrai-vos. Carta Circular aos Consagrados e Consagradas*. 2014. Disponível em: https://www.vatican.va/roman_curia/congregations/ccscrlife/documents/rc_con_ccscrlife_doc_20140202_rallegratevi-lettera-consacrati_po.html. Acesso em: 02 jan. 2022.

_____. *Contemplai. Aos consagrados e às consagradas sobre os sinais da beleza*. São Paulo: Paulinas, 2014.

_____. *Perscrutai. Aos consagrados e às consagradas a caminho nos sinais de Deus*. São Paulo: Paulinas, 2014.

DUPUIS, Jacques. *Introdução à cristologia*. São Paulo: Loyola, ³1999.

EXERCÍCIOS ESPIRITUAIS. *Escritos de Santo Inácio*. São Paulo: Loyola, ³2006.

FAUS, José Ignacio González. *O acesso a Jesus. Ensaio de Teologia Narrativa*. São Paulo: Loyola, 1981.

FRANÇA, Mário. *O valor do silêncio*. Rio de Janeiro, 2014. Disponível em: https://arquidiocesebh.org.br/santuarionossasenhoradaconceicaodospobres/artigos/o-valor-do-silencio-3/. Acesso em: 02 jan. 2022.

FRANCISCO, Papa. *A evangelização se faz de joelhos*. Homilia na Santa Missa com os seminaristas, os noviços e noviças. Roma, 7 de julho de 2013. Disponível em: https://www.vatican.va/content/francesco/pt/homilies/2013/documents/papa-francesco_20130707_omelia-seminaristi-novizie.html. Acesso em: 02 jun. 2022.

_____. *Discurso às religiosas participantes da Assembleia Plenária da União Internacional das Superioras-Gerais*. Roma, 8 de maio de 2013. Disponível em: https://www.vatican.va/content/francesco/pt/speeches/2013/may/documents/papa-francesco_20130508_uisg.html. Acesso em: 02 jan. 2022.

_____. *Exortação Apostólica* Evangelli Gaudium. *Sobre o anúncio do Evangelho no mundo atual*. São Paulo: Paulinas, 2013.

_____. *Mensagem ao Prior-Geral dos Irmãos da Bem-Aventurada Virgem Maria do Monte Carmelo, por ocasião do Capítulo Geral*. Roma, 22 de agosto de 2013. Disponível em: https://www.vatican.va/content/francesco/pt/messages/pont-messages/2013/documents/papa-francesco_20130822_ordine-carmelitano.html#:~:text=Queridos%20irm%C3%A3os%20do%20Carmelo%2C%20o,Para%20isto%20fostes%20chamados. Acesso em: 02 jan. 2022.

_____. *Homilia da Solenidade do Sagrado Coração de Jesus*, na visita ao Hospital Gemelli e à Faculdade de Medicina da Universidade Católica do Sagrado Coração, em 27 de julho de 2014. Disponível em: https://www.vatican.va/content/francesco/pt/homilies/2021/documents/20211105-omelia-univ-cattolica.html. Acesso em: 02 jun. 2022.

_____. *Carta Encíclica* Laudato Si'. *Sobre o cuidado da Casa Comum*. São Paulo: Paulinas, 2015.

_____. *Misericordiae Vultus [O Rosto da Misericórdia]. Bula de proclamação do Jubileu Extraordinário da Misericórdia*. São Paulo: Paulus/Loyola, 2015. Disponível em: https://www.vatican.va/content/francesco/pt/messages/poveri/documents/20210613-messaggio-v-giornatamondiale-poveri-2021.html. Acesso em: 02 jun. 2022.

_____. *Festa da Apresentação do Senhor no Templo*. XXVIII Dia Mundial da Vida Consagrada. Roma, 2 de fevereiro de 2017. Disponível em: https://www.vatican.va/content/francesco/pt/messages/consecrated_life/documents/20240202_omelia-vita-consacrata.html#:~:text=XXVIII%20Dia%20Mundial%20da%20Vida,de%20fevereiro%20de%202024)%20%7C%20Francisco&text=Ao%20povo%20que%20esperava%20a,da%20alian%C3%A7a%2C%20que%20v%C3%B3s%20desejais. Acesso em: jan. 2022.

_____. *Exortação Apostólica Gaudete et Exsultate. Sobre a chamada à santidade no mundo atual*. São Paulo: Paulinas, 2018.

_____. *Carta Encíclica Fratelli Tutti. Sobre a fraternidade e a amizade*. São Paulo: Paulinas, ¹2020.

_____. *Homilia da Santa Missa na Universidade Católica de Roma, por ocasião do 60º Aniversário da inauguração da faculdade de Medicina e Cirurgia, junto ao Hospital Gemelli*. Roma, 5 de novembro de 2021. Disponível em: https://www.vatican.va/content/francesco/pt/homilies/2021/documents/20211105-omelia-univ-cattolica.html. Acesso em: 02 jun. 2022.

_____. *Mensagem de Sua Santidade, o Papa Francisco, pelo Dia Mundial das Missões*. Roma, 6 de janeiro de 2021. Disponível em: https://www.vatican.va/content/francesco/pt/messages/missions/documents/20230106-giornata-missionaria.html. Acesso em: 02 jun. 2022.

_____. *Mensagem para o V Dia Mundial dos Pobres*. Roma, 13 de junho de 2021. Disponível em: https://www.vatican.va/content/francesco/pt/messages/poveri/documents/20210613-messaggio-v-giornatamondiale-poveri-2021.html. Acesso em: 02 jun. 2022.

GLOTIN, Édouard. *O Coração de Jesus. Abordagens antigas e novas*. São Paulo: Loyola, 2003.

GORI, Nicola. *Come un chicco di grano. Madre Clelia Merloni 1861-1930*. Roma: Èfetta Editrice, 2017.

_____. *Il diario di Madre Clelia Merloni. Donna del perdono*. Roma: Effatà Editrice, 2018.

GRIESE, German Sánchez et al. *A oração do coração. Ao encontro do amor*. São Paulo: Paulinas, 2011.

Il Cuore di Cristo e la pastorale oggi. Roma: Centro Voluntários do Sofrimento, 1975.

JOÃO PAULO II, Papa. *Audiência Geral*. Vaticano, 20 de junho de 1979. Disponível em: https://www.vatican.va/content/john-paul-ii/pt/audiences/1979/documents/hf_jp-ii_aud_19790620.html. Acesso em: 02 jun. 2022.

_____. *Carta Apostólica Novo Millennio Ineunte*. São Paulo: Loyola, 2001.

LELOUP, Jean-Yves. *Caminhos da realização. Dos medos do eu ao mergulho no Ser*. Tradução de Célia Stuart Quintas, Lise Mary Alves de Lima, Regina Fitipaldi. Petrópolis, RJ: Vozes, 1996.

LIMA, Marcos de. *Jesus, nossa mística*. São Paulo: Loyola, 2007.
LITURGIA DAS HORAS. Petrópolis: Vozes, ⁴2004, v. 1.
MENDIBOURE, Bernard. *Ler a Bíblia com Inácio de Loyola*. São Paulo: Loyola, 2011.
MENDONÇA, José Tolentino. *Elogio da sede*. São Paulo: Paulinas, 2018.
MORI, Geraldo de. *Antropologia teológica e orientação espiritual*. Belo Horizonte: FAJE – Faculdade Jesuíta de Filosofia e Teologia. 2015. Obra não publicada. Conteúdo da disciplina de mesmo nome no 3º Módulo do ECOE – Pós-graduação (*in lato sensu*) em Espiritualidade Cristã e Orientação Espiritual.
MORO, Ulpiano Vasquez. Mistagogia dos exercícios. Pequenos avisos sobre Orientação Espiritual. Um roteiro. *Itaici: Revista de Espiritualidade Inaciana*, São Paulo: Loyola, n. 18 (1994).
NOUWEN, Henri J. M. *A oração do coração*. 2021. Disponível em: http://www.ecclesia.com.br. Acesso em: 02 jan. 2022.
OLIVEIRA, V. C. O mistério do Coração de Cristo. Nossa esperança e consolação. In: RIBEIRO, E. (org.). *Misericórdia de coração a coração*. São Paulo: Loyola, 2016.
PANIKKAR, R. *Ícones do mistério. A experiência de Deus*. Tradução de Pedro Lima Vasconcellos. São Paulo: Paulinas, 2007.
PAULO VI, Papa. *Constituição Pastoral* Gaudium et Spes. *Sobre a Igreja no mundo atual*. São Paulo: Paulinas, 1988.
PIO XII, Papa. *Carta Encíclica* Haurietis Aquas. *Sobre o culto ao Coração de Jesus*. São Paulo: Loyola, 2006.
REDE MUNDIAL DE ORAÇÃO DO PAPA. *Manual do Coração de Jesus*. São Paulo: Loyola, 1988.
ROCHETTA, Carlo. *A ternura de Jesus de Nazaré*. Disponível em: https://pantokrator.org.br. Acesso em: 02 jan. 2022.
_____. Teologia da ternura. Um "evangelho" a descobrir. *Encontros Teológicos*, n. 39 (2004) 3.
SANTO INÁCIO DE LOYOLA. *Exercícios Espirituais*. Orientação da tradução e anotações de Pe. Géza Kövecses, SJ. Porto Alegre: Ed. 3, 1966.
SCHNEIDER, Roque. *A espiritualidade do coração de Jesus*. São Paulo: Loyola, 1988, v. 4.
SCIADINI, Patrício (org.). *São João da Cruz*. Petrópolis: Vozes/Carmelo Descalço do Brasil, 1984. (Ditos, 98).
SOBRINHA, Madre Míriam Cunha. *Circular n. 4*. Roma, 16 de maio de 2021.
TERRINONI, Ubaldo. A intimidade divina na vida de Madre Clélia Merloni. *Cadernos de Espiritualidade das Apóstolas do Sagrado Coração de Jesus*, n. 1 (1982) 56.
_____. A humilde Madre Clélia. *Cadernos de Espiritualidade das Apóstolas do Sagrado Coração de Jesus*. Roma, n. 1 (1982) 31.34.
_____. A personalidade de Madre Clélia Merloni. *Cadernos de Espiritualidade das Apóstolas do Sagrado Coração de Jesus*, n. 1 (1982) 15.

_____. O Sagrado Coração na Espiritualidade das Apóstolas. *Cadernos de Espiritualidade das Apóstolas do Sagrado Coração de Jesus*, n. 1 (1982) 41-42.45.48.

_____. Perfil biográfico de Madre Clélia Merloni. *Cadernos de Espiritualidade das Apóstolas do Sagrado Coração de Jesus*, n. 1 (1982) 6-7.

TESSAROLO, Andrea. *Theologia Cordis. Apontamentos sobre a Teologia e Espiritualidade do Coração de Jesus*. Bauru: EDUSC, 2000.

UM CORAÇÃO NOVO para um mundo novo. In: VV.AA. *Espiritualidade do coração*. São Paulo: Loyola, 1988.

VATICAN NEWS. *Papa: Beata Clélia Merloni deu "luminoso testemunho do Evangelho"*. Roma, 4 de novembro de 2018. Disponível em: https://www.vaticannews.va/pt/papa/news/2018-11/papa-francisco-angelus-beata-clelia-merloni.html. Acesso em: jan. 2022.

VEKEMANS, Roger; LEPELEY, Joaquim. *Temas candentes à luz do Coração de Cristo*. São Paulo: Loyola, 1985.

Edições Loyola

editoração impressão acabamento

Rua 1822 n° 341 – Ipiranga
04216-000 São Paulo, SP
T 55 11 3385 8500/8501, 2063 4275
www.loyola.com.br